• 지도에 충북팔경 지역을 표기해 두었습니다.

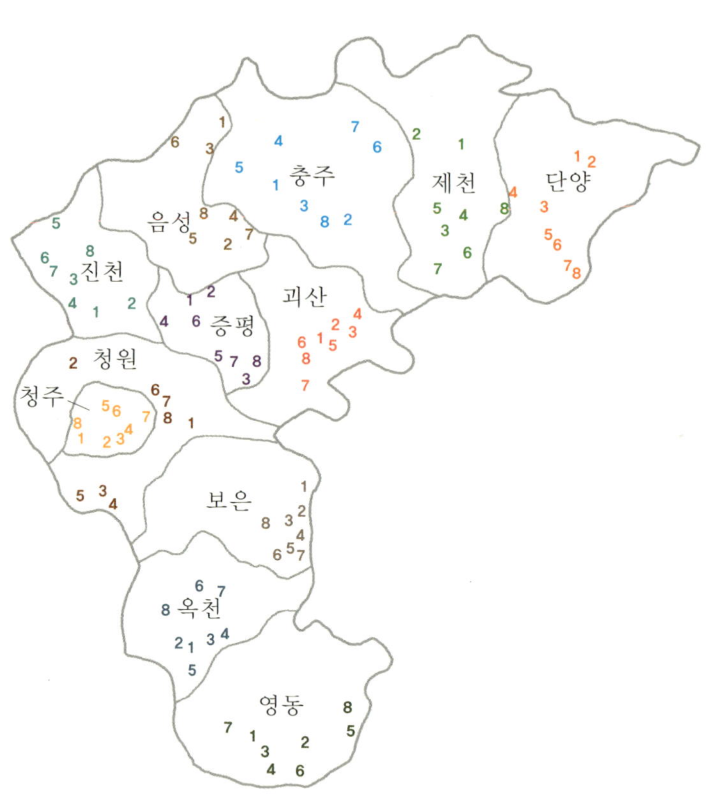

이 도서의 국립중앙도서관 출판시도서목록(CIP)은 e−CIP홈페이지(http://www.nl.go.kr/ecip)와 국가
자료공동목록시스템(http://www.nl.go.kr/kolisnet)에서 이용하실 수 있습니다.
(CIP제어번호: CIP2013014006)

금수강산의 근원
8경의 미

권상준 글·그림

| 충북편 |

마음의숲

금수강산 근원인 8경을 둘러보다, 충북8경

옛날 선비들은 글과 함께 산천을 유람했다. 인간의 근본인 자연을 모르곤 학문이 깊어질 수 없음을 알았다. 그리고 사서삼경에 시문학을 중시했다. 시재를 찾는 인간의 감성은 자연의 모습에서 비롯된다. 현자는 자연을 벗 삼아 사는 지혜를 얻어 왔다. 우리 조상들도 금수강산의 참모습에 자연 사랑의 품성을 가져왔다. 땅을 아끼고 물을 귀히 여겨 민족의 얼을 지켜 온 셈이다.

우리가 자랑하는 금수강산의 근원은 무엇이고, 어디서부터 연유되어 왔을까? 금수강산의 수법적 경관을 찾아보면 국토의 근원을 아는 데 도움이 될 것이다. 한강과 금강, 그리고 낙동강이 발원하는 3대 강은 속리산 문장대에서 시작된다. 강은 우람하고 수려한 산을 보듬으며 들녘으로 내닿는다. 또한 백두대간을 의지해 각기 북, 서, 남으로 골과 들을 엮으며 점점이 정겨운 마을을 소담스럽게 안는다. 때로는 고을을 만들고, 주변에 진산과 내를 아우르며, 언제나 그리운 고향의 넉넉함을 준다.

어느 곳을 가도 아름다운 국토의 숨결을 느낄 수 있다. 부드러우며 넉넉한 시골 풍경을 만들고, 고을마다 경치는 나름대로 품격을 갖는다. 뫼와 들이 골과 내와 어울려 국토경관은 매력을 지닌다. 우리의 품성을 닮은 산천은 삶터를 열어 준 셈이다. 확 끌리는 격정적 모습이 아니라 은근히 익숙해지는 온화한 모성적 자태를 가지고 있다. 어디를 가도 누구에게나 살 겹도록 다정한 경관을 쉽게 보여준다. 게다가 사계절마다 그 모습이 다양하며, 특이한 산악과 하천이 보듬은 폭포가 장엄하고 역동적이다. 명소마다 푸르른 산수경관이 정자와 조화를 이룬다. 수려하며 아기자기한 국토경관이 고결함을 지녔기에 더 지긋하며 한 번 보면 다시 보고픈 금수강산이다.

학문을 숭상했던 선비들은 각 고장마다 명승을 돌아보며 자연을 닮으려 노력했다. 금수강산의 근원인 백두대간의 중앙부 충북의 향토문화에서 빌미를 얻어 팔경의 흔적을 더듬어 본다. 전통적으로 팔경하면 단양팔경을 되뇔 수 있다. 예부터 더 세밀하게 보면 청풍팔경과 송계팔경제천과 금강의 양산팔경과 한천팔경영동, 청산팔경과 추소팔경옥천이 있다. 음성팔경, 오갑팔경, 비선팔경, 하촌팔경과 생동팔경음성, 상산팔경진천, 개천팔경과 노은팔경충주, 회인팔경보은, 고산구경괴산, 옥화구경청원 등이 있다. 화양동구곡과 선유동구곡, 쌍곡구곡괴산, 금수산 금수구곡과 능강구곡제천 등이 있다. 팔경과 구곡을 노래했던 선조들은 자연을 상사하며 청빈낙도의 삶을 추구했다. 넉넉한 인심과 서로를 아끼는 정신이 살아 있음이다. 여기에 현대인의 삶 터를 배경으로 각 고장마다 팔경을 선정하여 관상하며 경관의 이미지를 담아 본다. 충북 관내 12고장의 각기 8경으로 96경을 모은다. 때론 스케치로 묘사하며 출사로 대표 경관을 엮었다.

돌이켜보면 경관에도 품격이 있다. 영화로우며 정갈하고 조화로우며 풍부하다. 때로는 팔경의 경승은 경관의 성향을 나타낸다. 자연과 소재를 중심으로 표출한 경관을 외연적으로 포용함으로써 전경全景, 절경絕景, 선경仙景, 비경秘景, 외경畏景 등을 만든다. 이와 함께 인성과 맥락을 바탕으로 그려진 경관을 내연적으로 묘사함으로써 풍경風景, 정경情景, 가경佳景, 전경展景, 배경背景 등을 만든다. 전통적 팔경을 담았던 선조들의 예지를 현대경관적 기법으로 재해석하는 묘미를 갖는다. 팔경은 시각적 돌출과 놀람의 연속을 소재와 체험의 경관으로 명소가 된다. 명소에서 외내연적 오경을 살펴보면 각 개인에 따라 희로애락과 애증을 반추하는 즐거움도 생긴다. 명소 속에도 미기후風熱濕燥寒에 따라 사람에 맞는 건강한 적소가 있다. 사람마다 다른 오상의 체질과 체격은 경관을 수용하는 태도를 겸허하게 만들어 정서적 안정과 정신적 휴식의 계기를 찾는 적소를 스스로 찾을 수 있다.

곳에 따라 전설과 역사가 산수와 기암, 하천과 폭포, 산세와 수림 등과 엮인 설화 경관이 된다. 흥미를 자아내는 회유경관과 구곡을 따라 굽이치는 계곡경관은 주변의 수암경관을 장식한다. 팔경이 지닌 극적 경관성을 대하며 변이를 일으키는 장소와 위상은 감성을 자극한다. 일상에서 우리가 느끼는 애정과 우정, 희열과 비탄, 격노와 공포 등은 자연 앞에 무상무념으로 이끌거나 감동을 일으키게 마련이다. 더없이 작아지는 인간의 본성은 오성을 낳아 자연의 이치를 깨닫게 한다. 때와 곳에 따라 낭만경관이나 희생경관, 또는 명상경관이나 회상경관의 표상을 볼 수도 있다. 누구라도 팔경의 근원을 알아가면 평정과 사색을 이뤄 시상이 떠오른다. 팔경의 국면과 상황에 따라 경관적 감흥을 오감으로 느끼면 누구나 예술인이 된다. 자연의 본성과 소리, 모습에서 시인, 혹은 음악가나 화가가 갖는 예술적 감동을 받는다. 또한 일상에 찌든 풍진을 털어 버리고 자연으로 돌아가는 나는 누구인가를 자문하게 된다. 자연은 나와 함께하는 영원한 친구다. 나를 낳은 금수강산에서 본래의 자아를 찾아 칭호의 장소를 획득해 보면서 선비의 기품을 지닌 나 스스로에게 맞는 충북팔경의 근원을 찾아보면 어떨까!

차례

머리말 4

괴산8경

제1경 화양구곡 13 / 제2경 쌍곡구곡 17 / 제3경 용추폭포 20 / 제4경 수옥폭포 23
제5경 선유구곡 26 / 제6경 갈은구곡 30 / 제7경 사담계곡 33 / 제8경 군자산 36

단양8경

제1경 도담삼봉 41 / 제2경 석문 43 / 제3경 구담봉 46 / 제4경 옥순봉 49
제5경 사인암 52 / 제6경 하선암 55 / 제7경 중선암 58 / 제8경 상선암 61

보은8경

제1경 속리산 문장대 65 / 제2경 속리산 법주사 68 / 제3경 속리산 오리숲 71
제4경 정이품송 74 / 제5경 구병산 77 / 제6경 서원계곡 79 / 제7경 만수계곡 82
제8경 삼년산성 84

영동8경

제1경 영국사 89 / 제2경 한천팔경 92 / 제3경 용암과 강선대 95
제4경 비봉산과 주변 풍경 97 / 제5경 삼도봉과 부근 산 100 / 제6경 천태산 103
제7경 옥계폭포 106 / 제8경 물한계곡 109

옥천8경

제1경 용암사 일출 113 / 제2경 부소담악 116 / 제3경 청마리 119
제4경 둔주봉 한반도 지형 122 / 제5경 장령산 124 / 제6경 금강유원지 126
제7경 장계 관광지 129 / 제8경 정지용 생가 131

음성8경

제1경 오갑산 135 / 제2경 설성공원 138 / 제3경 원통산 141 / 제4경 가섭산 144
제5경 문수산 147 / 제6경 웅천평야 150 / 제7경 수정산 153 / 제8경 봉학골 삼림욕장 156

제천8경

제1경 의림지 161 / 제2경 박달재 164 / 제3경 월악산 166 / 제4경 청풍 문화재 단지 169
제5경 금수산 172 / 제6경 용하구곡 175 / 제7경 송계계곡 178 / 제8경 옥순봉 181

증평8경

제1경 두타산 185 / 제2경 대봉산 187 / 제3경 좌구산 190 / 제4경 삼보산 193
제5경 이성산 196 / 제6경 보강천 198 / 제7경 비나리길 201
제8경 거북이별 보러 가는 길 204

진천8경

제1경 농다리 209 / 제2경 초평 저수지 212 / 제3경 길상사 215 / 제4경 정송강사 218
제5경 두타산 221 / 제6경 만뢰산 224 / 제7경 백곡 저수지 227 / 제8경 진천평야 230

청원8경

제1경 옥화구경 235 / 제2경 오창 호수공원 238 / 제3경 문의 문화재 단지 240
제4경 양성산과 대청호 조망 242 / 제5경 구룡산 흑룡과 대청호 245
제6경 초정약수 247 / 제7경 구녀산 249 / 제8경 미동산 수목원 251

청주8경

제1경 가로수길 255 / 제2경 우암산 258 / 제3경 무심천 261 / 제4경 상당산성 264
제5경 흥덕사지와 고인쇄박물관 267 / 제6경 성안길과 철당간 지주 광장 270
제7경 낙가산 273 / 제8경 부모산 276

충주8경

제1경 탄금대 281 / 제2경 계명산 284 / 제3경 중앙탑공원 287 / 제4경 두무소 290
제5경 장미산 293 / 제6경 삼탄 296 / 제7경 삼등산 298 / 제8경 금봉산 301

• 본문의 스케치와 유화는 저자가 직접 그린 것입니다.

괴산 8경

괴산 화양구곡 금사담과 암서재

화양구곡

화양구곡은 1975년 속리산 국립공원으로 포함되었다. 주소는 충북 괴산군 청천면 화양리 402번지이며, 청주에서 동쪽으로 32km 에 위치한 계곡이다. 화양구곡의 경관은 외연적으로 외적 오경五景; 전절선비외경全絶仙秘畏景 중 외경을 제외한 4경을 이룬다. 내연적으로는 내적 오경五景; 풍정가전배경風精佳展背景의 총화를 이룬다. 청천면 소재지로부터 송면리 방향 9km 지점에서 3km에 걸쳐 화양천을 거슬러 올라가며 좌우에 산재해 있는 명승지다. 구곡 순서를 따라 다양한 형태의 하천경관과 계곡경관이 표출된다.

주변으로 도명산과 배경의 조봉산, 낙영산이 있고, 후면부에 사랑산이 산세를 더한다. 하천에는 암반과 바위가 여기저기 흩어져 있어 굽이마다 개별적 특성을 갖고, 물소리와 풍광으로 변화경관을 지니고 있다.

일별해서 보면 유수경관과 수림경관이 계절과 시각에 따라 모습을 달리하며 제 나름대로의 매력을 갖는 가경佳景이다. 어느 곳에서 보더라도 공통적으로 넓게 펼쳐진 반석 위로 맑은 물이 흐르고, 주변의 울창한 숲이 장관을 이룬 선경仙景이다.

조선 중기에 우암 선생이 산수를 사랑하여 은거한 곳으로 중국의 무이구곡을 본받은 화양동 9곡은 장소성을 부각해 상징적 명명을 한 시적경관을 지녔다. 명명에 따른 유적이 많으며, 산자수려한 구곡이 역사적 상상想像경관을 만든다. 7km 거리에 괴산 선유동 계곡과 연계되어 있으며, 푸른 산과 맑은 물을 함께 감상할 수 있는 풍부한 경관이다.

화양 제1곡 경천벽은 기암奇岩이 가파르고 높이 솟아 있어 그 형세가 하늘을 떠받들고 있는 절경이다. 이 바

14

위에는 華陽洞門화양동문이라는 우암 선생의 글씨가 새겨져 있다. 이는 상징기암경관에 역사소재경관을 지녔다.

화양 제2곡 운영담은 경천벽에서 약 400m 북쪽의 계곡에 맑은 물이 모여 구름의 그림자가 비친 소沼를 이루고 있다. 투영경관의 백미다.

화양 제3곡은 읍궁암으로 운영담 남쪽에 위치한 희고 둥글넓적한 바위다. 이는 우암 선생의 제자였던 임금 효종이 죽자 매일 새벽마다 이 바위에 올라 엎드려 통곡하였음을 기리며 명명하였다.

읍궁암 옆에는 우암 선생이 임진왜란 때 조선에 파병해 준 명의 신종과 의종의 위패를 모시고 제사를 지냈던 만동묘가 있다. 역사기념물경관의 표상이다.

화양 제4곡 금사담은 맑은 물 속에 보이는 모래가 금싸라기 같다는 의미다. 수사水

능운대

와룡암

학소대

파천

경관의 상징이다. 화양구곡의 중심이며 물놀이 장소로 이용된다. 회합경관의 장소성이 강하다. 1666년 이곳에서 우암 선생이 바위 위에 암서재巖棲齋를 지어 놓고, 학문을 연마하고 후진을 양성했다. 소담스런 정자경관을 지녔다.

화양 제5곡 첨성대는 도명산 기슭에 위치한 평평한 큰 바위로 성진을 관측할 수 있는 층암이 얽혀 지형경관의 심미성을 발휘한다. 바위가 우뚝 치솟고 그 아래 非禮不動비례부동이란 의종의 어필이 새겨져 있다. 이러한 역사소재경관이 의미를 더한다.

화양 제6곡 능운대는 큰 바위로 시냇가에 우뚝 솟아 있다. 상징 기암경관을 표현한다. 화양 제7곡 와룡암은 첨성대에서 동남쪽으로 1km 지나면 궁석이 시내 변으로 뻗어 있어 전체 생감이 마치 용이 꿈틀거리는 듯한 바위다. 대표적인 수반석 형상경관을 이룬다.

화양 제8곡 학소대는 옛날에 백학이 둥지를 틀고 새끼를 쳤다는 바위산에 낙락장송이 여기저기 흩어져 있어 암송岩松경관의 전全경을 이룬다. 그리고 화양 제9곡 파천은 개울 복판에 펼쳐져 있는 흰 바위로 티 없는 옥반에 오랜 풍상을 겪는 사이 씻기고 갈려 많은 세월을 새기고 있다. 풍상을 거쳐 운치 있는 수반水盤경관을 상징하는 비경秘景이다. 구곡의 가경이 경관의 오격五格을 갖췄다.

화양구곡은 생각의 자유와 꿈을 그리는 인간의 본성을 자극하기에 충분한 소재를 지닌 명승지다. 누구라도 이상의 날개를 펴고 큰 기상을 얻어 갈 수 있는 아름다운 국면을 만들 수 있다. 풍광과 인성이 어우러진 상상경관을 볼 수 있는 명소다.

쌍곡구곡

쌍곡구곡은 충북 괴산군 칠성면 쌍곡리 85-7번지에 있는 청정 계곡이다. 괴산에서 연풍 방향으로 12km 지점의 칠성면 쌍곡 마을로부터 제수리재에 이르기까지 10.5km 구간에 장소성을 부각한 상징적 시적경관이다. 수려한 자연 산수山水경관의 쌍곡구곡에서 조선시대 퇴계 이황, 송강 정철 등 많은 유학자와 문인들이 청유하며 하심복종하였다. 전설과 함께 주위에 보배산, 칠보산, 군자산, 비학산의 웅장한 배경으로 위요圍繞된다. 청정한 계곡수가 기암절벽과 노송, 울창한 수림으로 선경과 절경을 품은 복합경관을 만든다.

쌍곡 제1곡 호롱소는 34번 국도에서 계곡으로 1.1km 지점에 위치한 첫 구곡으로 계곡수가 직각을 형성해 소를 이룬다. 근처 절벽에 호롱불처럼 생긴 큰 바위가 있어 명명되었다. 넓고 잔잔한 물이 주위의 바위, 노송과 어우러져 조화로운 암송경관을 이룬다.

쌍곡 제2곡 소금강은 쌍곡 입구에서 2.3km 지점에 위치해 금강산의 일부와 같은 암송경관 중 극치를 이룬다. 계절과 시각에 따라 변하는 시의경관이 독특하고, 흐르는 맑은 계곡수가 만드는 포말경관은 미묘하다.

쌍곡 제3곡 병암떡바위은 바위 모양이 마치 시루떡을 자른 것처럼 생겨 명명되었다. 양식이 모자라고 기근이 심했던 시절 사람들이 떡바위 근처에 살면 먹을 것 걱정은 안 해도 된다는 소문을 듣고 이곳에 모여 살기 시작했다고 한다. 상징적 전설傳說경관의 의미를 갖는다.

쌍곡 제4곡 문수암은 산세에 걸맞게 웅장하다. 소와 바위를 타고 흐르는 계곡수가 노송과 함께 어우러진 암송경관과 산수경관의 복합체다. 바위 밑 동굴에는 옛날 문수보살을 모신 암자가 있었다고 전해진다. 소재명칭

경관인 셈이다.

쌍곡 제5곡 쌍벽은 계곡 양쪽에 깎아 세운 듯한 10여m 높이의 바위가 5m 정도의 폭을 두고 평행으로 표출된 기암경관이다. 쌍곡 제6곡 용소는 100m의 반석을 타고 세차게 흘러내린 계곡수가 직경 16m나 되는 바위 웅덩이에서 휘감아 도는 용소경관을 만든다. 이 용소가 명주실 한 꾸러미가 다 풀려 들어가도 모자라는 깊은 소였다고 하나 지금은 수심 5~6m 정도로 다 메꾼 상태다. 전설국면경관을 의미한다.

쌍곡 제7곡 쌍곡폭포는 절말에서 동북쪽으로 나 있는 살구나무 골 계곡을 따라 반석을 타고 흘러내리는 폭포경관을 연출한다. 쌍곡 전체의 계곡이 남성적인데 반해 그 자태가 수줍은 촌색시 같아 여성적인 향취가 풍기는 폭포다. 좀처럼 그 모습을 드러내지 않는 듯한 비장경관이다. 8m 정도의 반석을 타고 흘러내린 물이 한여름에도 간장을 서늘케 할 정도로 차갑다. 소재접촉경관을 느낄 수 있다.

쌍곡 제8곡 선녀탕은 소가 있는 깨끗한 폭포경관이다. 이곳에서 선녀들이 노니는 전설과 환상에 젖게 되는 환상경관을 느낄 수 있다. 쌍곡 제9곡 장암마당바위은 송림에 싸여 햇빛이 닿지 않아 삼복더위를 느끼지 못하는 시원한 접촉경관이다.

많은 사람들이 힘든 세상사를 잊는 방편으로 절경을 찾는다. 절경에 마음을 열어 너그러워진다. 헛된 망상과 꿈을 버리면 그 순간부터 하심이 생기는 득도의 순간처럼 말이다.

용추폭포

　　용추폭포는 충북 괴산군 청천면 사기막리 산7－5번지 부근에 있는 청정폭포다. 마을 앞을 흐르는 계곡은 거의 메마른듯 하천경관을 수월하게 보여주지 않는다. 하지만 하류로 내려가면 갈수록 바위와 주변 수림이 하천과 어우러져 다양한 하천경관을 표출한다. 자근대는 물소리에 취하다 보면 어느새 폭포가 우람하게 나타난다. 시각적으로는 놀람의 극화를 이루는 셈이다. 이같이 갑자기 나타나는 경치를 외경畏景, 혹은 경악surprise경관이라 한다. 외연적으로 외경의 극치를 이루고 국면과 상황에 따라 비경을 경험하게 한다. 내연적으로는 운치를 더하며 가경을 만들고, 사랑하는 이들에게 사랑의 형상을 보이며 열정의 정경精景을 부른다.

　　마을 끄트머리에서 계곡을 따라 난 농로로 10여 분 걸어 들어가면 옥녀봉 암봉 아래로 하늘을 가린 숲길이 열린다. 연인들이 손잡고 걷기에 딱 알맞을 만큼의 폭과 나뭇잎으로 적당히 다져진 말랑말랑한 길이다. 숲길 옆으로 계곡과 함께 간다. 숲길을 따라 10분가량 걸어 들어가면 서로 다른 두 개의 나무가 자라다가 줄기가 맞닿아 하나의 나무가 된 연리목이 있다. 연리목을 보려면 숲길에서 좌측으로 산을 조금 올라가면 용추폭포의 우레와 같은 물소리가 들려오며 가경이 펼쳐진다.

용추폭포는 옛날 용이 승천했다는 전설이 있다. 폭포 주변 바위 곳곳이 움푹 파여 있어 용의 발자국이라고 전래된다. 계곡은 50m에 걸쳐 마치 큰 성벽같이 가로지른 바위를 계곡물이 깎고 깎아 5m의 폭평을 이루고, 길이 10m, 너비 4m, 깊이 1.5m의 둥그스름한 폭대에 옥수가 넘쳐 다시 1m 정도의 제2폭포를 이루고 있다. 그 형상이 승천하는 용트림의 모습으로 비경을 이룬다. 조화로운 품격의 폭포경관이다.

이 폭포의 전설을 소재경관으로 극대화한 명명에는 용과 관련이 많다. 용은 상상의 동물이다. 음양오행에서 서쪽 위상의 지세가 돌출한 지형에 은거하는 승룡의 기상이 있고, 금성金性의 기운이 강하다고 보았다. 승룡이 타고 갈 기상은 폭포의 하얀 물줄기가 흩날리며 솟구치는 백색의 운치가 돋보이는 곳이다. 상류의 하상에 자리한 바위들이 장구한 세월에 깎여 유연한 형상을 가지고 오랜 풍상으로 이끼가 흑백의 농담과 만상을 그려 내고 있다. 주변의 수림과 암송이 다채로워 화양동의 일부를 떼어 놓은 듯하다. 폭포 왼쪽의 층암절벽은 암석의 절리갈라진 틈와 오랜 풍상으로 암층 사이에 푸르다 못해 검푸른 이

끼가 끼어 있다. 자세히 보면 하트 모양의 징표도 그려진다. 사랑을 고백하는 정경이 보이는 듯하다.

바위에 흑색과 회색으로 켜켜이 착색된 형상은 원근을 표현하는 동양화의 농담기법을 절묘하게 시현하고 있다. 자연의 화선지에 세월의 진고를 견뎌 낸 바위 틈으로 노송이 용트림하며 파란 하늘을 향하는 암송경관은 풍치를 감동으로 이끈다. 게다가 울창한 주변 숲에서 전해지는 내음은 산림경관을 한층 돋보인다.

폭포경관은 시원하게 내뿜는 물주기와 물보라를 일으키는 시청각視聽覺경관과 함께 시원한 내음의 취각과 물에 닿은 청량함으로 촉각을 예민하게 하는 촉각경관을 가진다. 맛있는 음식을 먹은 후라면 포만감에 젖어 놀라움을 느끼는 경관이다. 용추폭포야말로 인간의 오감을 느낄 수 있는 오감적 감흥의 소재경관이다.

수옥폭포

수옥폭포는 충북 괴산군 연풍면 원풍리 141-2번지 부근에 있는 청정폭포다. 주흘산의 서쪽 산정기를 아우르며 흘러가는 계류가 운치 있는 여울을 만들며 내려가다 우람하게 자리 잡았다. 동쪽으로는 문경새재 도립공원이 위치한다. 역사적으로 산림이 깊고 험하며 은둔의 폭포를 품은 산세는 깎아지른 듯한 절벽과 울창한 숲이 천연의 요새를 이루었다. 고려시대 공민왕이 홍건적을 피해 한동안 피신할 수 있었던 곳이라고 전한다.

조령 삼관문에서 소조령을 향해 흐르는 계류가 덩치를 키워가다 단애의 절벽을 내리지르는 곳에 수옥폭포를 만든다. 산림을 배경으로 깊은 수림이 형성되어 있고, 산림 사이에 양안의 수변을 갖고 흐르는 계류는 절벽을 만나 높이 약 20m의 폭포를 이룬다. 폭포는 암반의 단층에 의해 3단으로 형성되어 있으며, 상류의 두 곳은 깊은 소를 이루고 있는 비경이다. 수옥폭포에서 풍류를 즐겼던 통신사 일행이 남긴 〈동사일기〉에 폭포경관에 대한 예찬이 있다.

수옥정은 깎아지른 듯한 석벽이 삼면에 둘렀고 고목이 울창하게 뒤얽혔다. 공중에 달린 폭포는 10여 길이 넘고 가루분처럼 튀는 물방울을 보니 마치 눈이나 서리 같으며, 폭포수는 절구질하듯 돌항아리에 그대로 쏟아져 내려 조그마한 못을 이루었다. 그리고 바로 곁에 조그마한 정자가 있으니 이것은 조의중조유수의 字이 창건한 것이다. 못가에는 판판하고 널찍한 반석이 있어 마치 궁중의 무대 같고 족히 100여 명은 앉을 수 있다.

폭포 아래 언덕진 곳에 있는 정자는 1711년에 연풍 현감으로 있던 조유수가 청렴했던 자신의 삼촌 동강 조상우를 기리기 위해 짓고 漱玉亭수옥정이라 이름 붙였다. 이는 폭포의 암벽에 "숭정후 이신뇨, 동가 조자 직위, 작정 자질 유수 서"라 새겨진 것으로 미뤄 역사적 사실임을 증명한다.

수옥폭포

이 수옥정은 〈연풍군읍지〉의 지도에도 읍지의 동북 방향에 지명과 함께 그려져 있다. 〈여지도서〉에는 "수옥폭은 관아의 동쪽 15리에 위치한다"고 하였으며, "수옥정이 이곳에 있었으나 지금은 없어졌다"고 적고 있다. 자연 경승을 묘사했던 역사적 전승傳承경관의 실체를 볼 수 있다. 처음 만들었던 정자는 흐르는 세월과 함께 낡아 허물어졌으나 1960년에 괴산군의 지원을 받아 이 지역 주민들이 팔각정을 건립하며 오늘에 이르고 있다.

주 관찰은 하류에서 상류로 이어진다. 검은 암반에 격하게 3단으로 이루어진 폭포는 물을 쉼 없이 내뿜는다. 3단을 이룬 상류의 두 곳은 깊은 소를 이루고 있다. 일설에는 상류의 2단에서 떨어지는 깊은 소는 조유수가 사람을 시켜 물을 모아 떨어지게 하기 위해 파 놓은 것이라 한다. 전설경관의 요소가 있어 감흥을 더하며 귀한 품격을 지녔다.

근처의 용성골 계곡은 괴산군 연풍면 신혜원 마을에 위치해 있으며, 이 마을로부터 길이가 3km인 깃대봉 계곡을 따라 시원한 물이 흘러내린다. 백색의 화강암으로 이루어진 수반과 수변 암반이 계곡의 여울에 운치를 더하고, 흐르는 계곡수는 상류에 오염되지 않았기에 2002년에는 충북의 깨끗한 물로 선정된바 있다.

용성골 계곡의 특징은 작은 폭포와 여울이 많고 맑은 소가 연속해 이루어져 있는 것이다. 한국적 계곡에서의 물 흐름과 수변의 수림, 바위가 다양한 형상을 지닌 전형적인 수반경관을 지녔다. 동쪽으로 뻗은 완만한 계곡으로는 말용소를 포함한 두 개의 소가 있고, 100여m의 반석을 타고 흐르는 폭포가 있으며, 남쪽으로 뻗은 경사진 계곡에는 7~8개의 소와 작은 폭포들이 이어져 있다. 아기자기한 가경의 복합체를 이룬다. 수려한 격의 폭포경관이 수반경관과 일체되는 수옥은 은둔과 전설을 상징하는 명소다.

선유구곡

선유구곡은 충북 괴산군 청천면 관평리 516번지 일원에 있는 청정계곡이다. 괴산군 송면에서 동북쪽으로 1~2km에 걸쳐 있는 계곡이 절경이다. 조선시대 퇴계 이황이 송정_{현 송면리 송정 마을}에 있는 함평 이씨 댁을 찾아갔다가 산과 물, 바위, 노송 등이 잘 어우러진 절묘한 경치에 반해 아홉 달을 돌아다니며 9곡의 이름을 지었다. 긴 세월이 지나는 동안 글자는 없어졌을지라도 명명경관의 상징성은 남아 있다. 구곡은 순서별로 갖는 가경으로 이어진다.

화양동이 남성적이라면 선유동은 여성적이다. 구곡의 규모가 아담하며 구성과 형상이 화려하고 변화가 심하지만 계곡경관의 아름다움이 섬세하다. 기암의 형상에서 비롯된 장소성을 표출한 상징적 시적경관을 갖는다. 게다가 전설적 설화 요소가 구전되거나 서술되고 있어 형상과 시적 변용의 감흥을 느낄 수 있다. 전승적인 기암의 형상과 시감詩感의 소재를 다양하게 가져 정경이 살아난다.

선유동 계곡을 따라 폭원 6m 정도의 시멘트 포장도로가 있다. 이 도로가 지방도에 연결되므로 계곡 상류인 후문에서 진입할 수 있고, 계곡 하류인 정문에서도 진입할 수 있다. 하류와 중류 부근 계곡이 선경과 비경을 이루므로 정문 방향에서 진입해 관상함이 더 좋다. 정문 입구에 마을이 형성되어 있고, 계곡 중류에는 매점 겸 식당인 은선 휴게소가 있다. 오감경관을 느낄 수 있는 곳으로 조화로운 품격을 지닌 경관이다.

선유 제1곡 仙遊洞門선유동문은 바위에 암각되어 있다. 백 척이 넘는 높은 바위에 새새마다 여러 구멍이 방을 이루고 있다. 선유 제2곡 경천벽은 절벽의 높이가 수백 척이며, 바위 층이 첩첩을 이뤄 하늘의 지붕인듯 길게 뻗어

선유동문

경천벽

학소암

와룡폭포

있다. 화양동의 청천벽이 굵직한 형상을 지녔고 남성적인 동태적 역
동성이 표출되어 경관성이 대비되는 소재다. 섬세한 형상과 화려함,
정태적 온유성이 인상적이다. 여성적인 상징기암경관이다.

선유 제3곡 학소암은 푸른 학이 둥지를 틀어서 명명되었다. 기암절벽이 하늘을 치솟아 그 사이로 소나무가 조밀하게 들어서 있다. 암송경관이 시적경관과 복합된다.

선유 제4곡 연단로는 금단을 만들어 먹고 장수하여 명명되었다. 위가 평평하고 가운데가 절구처럼 파여 있어 신선들이 노니는 전설경관을 느낄 수 있다. 선유 제5곡 와룡폭포는 누운 용이 물을 내뿜는 폭포와 같다. 쏟아 내는 물소리가 벼락치듯 하고, 흩어지는 물은 안개를 이루어 장엄한 폭포경관을 이룬다.

선유 제6곡 난가대는 옛날 나무꾼이 나무를 하러 가

28

다가 바위 위에서 신선들이 바둑을 두며 노니는 것을 구경하는 동안 도낏자루가 썩어 없어졌다 하여 명명되었다. 상징적 기암경관이다.

선유 제7곡 기국암은 바위가 평평한 바둑판 모양으로 신선들이 바둑을 두고 있어 나무꾼이 구경하다 집으로 돌아와 보니 5대손이 살고 있더라는 전설이 있다. 전설경관을 갖고 있다.

선유 제8곡 구암은 바위 생김이 마치 큰 거북이가 머리를 들어 숨을 쉬며, 겉은 여러 조각으로 갈라지고 등과 배가 꿈틀거리는 듯하여 명명되었다. 형상적 기암경관이다.

선유 제9곡 은선암은 옛날에는 퉁소를 불며 달을 희롱하던 신선이 이곳에 머물렀다 하여 불려졌다. 두 개의 바위가 양쪽으로 서 있으며 그 사이로 10여 명이 들어갈 수 있을 만큼 넓다. 전설적 기암형성경관이다.

선유구곡은 자연현상이나 지형, 지물의 형상을 시적 소재로 활용할 수 있는 명소다. 화폭에 담을 수 있는 아름다운 동양화의 소재이며 한국적 멋을 음미할 수 있다. 풍경을 순수하게 담아 명화를 그리는 사람은 마음이 열린다. 감동을 주는 명화야말로 자연과 일치되면서부터 가능하다. 사람은 모두 마음에 명화를 담고 있다. 명화의 묘사는 손재주가 이뤄내는 것이 아니라 순수한 마음이 그림을 그릴 때 이루어진다. 때문에 명화의 산실로 불릴 수밖에 없다.

갈은구곡

갈은구곡은 괴산 칠성면 사은리 67번지 일원에 있는 청정계곡의 가경이다. 칠성면에서 괴산수력발전소를 지나 12km 정도에 있는 갈론 마을을 지나 3km의 계곡을 따라 거슬러 가면 원시적 산림이 울창하고 물이 맑은 갈은구곡이 있다. 계곡은 산세에 따라 구불거리며 수변과 수반에 기암이 어울려 비경을 감추며 조화로운 품격을 지녔다.

갈은 제1곡 장암석실은 갈은동문을 지나 동쪽과 남쪽으로 계곡이 나뉘는 입구에 있는 마당바위 옆 커다란 암벽에 場嵒石室 장암석실 이란 곡명을 새기고, 갈은동문 방향으로 정면에 ㄱ자로 파인 암벽 안쪽에 구곡시를 새겼다. 그 암벽 아래가 마치 바위 집 같다고 하여 집바위라 부르기도 한다. 암각자로 풍광을 묘사한 시적경관으로 기암과 산세의 대비적 형상을 나타내고 있다.

갈은 제2곡 갈천정은 갈은동문 바위 북쪽 계류 건너편 바위 지대를 말한다. 갈론 마을의 지명 유래가 된 갈천이라는 성을 가진 사람이 은거했다는 장소다. 지형적 특성을 반영한 경관을 의인화해 상징성을 갖는 전승경관이다.

갈은 제3곡 강선대는 갈은동문에서 약 200m 들어간 곳에 형성된 합수점 상단부 너럭바위 지대에서 동쪽으로 약 100m 거리인 다래골 입구 계류 건너편 작은 절벽이다. 절벽 아래 너럭바위를 휩쓸고 흐르는 맑은 물이 산세와 어우러져 선경을 이룬다. 신선이 내려왔다는 전설경관이다.

갈은 제4곡 옥류벽은 강선대로 가기 전 너럭바위에서 남동쪽 계곡 안으로 약 1km 들어간 계곡 좌측에 있다. 시루떡을 층층이 쌓아 놓은 형상의 절벽이다. 층층바위 아래 거울같이 맑은 담潭에 기암의 형상이 반사되며 환상적인 반사反射경관이 외경을 이룬다.

갈은 제5곡 금병은 옥류벽에서 상류로 약 100m 거리인 협곡이 ㄱ자로 꺾임의 우측 절벽이다. 황갈색 바위 벽에 물빛이 반사된 햇볕이 닿아 휘도를 드높여 색조를 뚜렷하게 하는 색조色調경관으로 비경을 품는다.

제6곡 구암은 금병에서 상류로 약 40m 거리에 있는 거북상의 기암이다. 기암경관이 산수경관과 조화를 이룬 절경絕景이다.

제7곡 고송유수재는 U자형을 이룬 바위 지대 가운데로 계류가 흐르며 좌측 바위 벽에 葛隱洞갈은동 글자가 음각되어 있다. 갈은동 글자 우측 벽에는 선조 때 〈임꺽정〉의 작가 홍명희의 조부이자 이조참관을 지낸 홍승목, 구한말 국어학자 이능화의 아버지이자 이조참의를 지낸 이원의 이름도 음각되어 있다. 노송이 빼곡히 들어차 있고, 우측에 정자터와 부엌 자리가 남아 있다. 음각陰刻경관이 송암松岩경관의 의미를 더한다.

제8곡 칠학동천은 고송유수재 상단부에 7마리의 학이 살았다는 곳이다. 전래적 명명경관으로 신선사상을 안고 있는 절경이다.

제9곡 선국암은 칠학동천 상단부 우측 옥녀봉 하산길 옆에 있는 전숲경이다. 신선이 바둑을 두던 자리라는 바둑판바위 네 귀퉁이에는 四老同庚사노동경; 네 동갑 노인들이 바둑을 즐겼다 글씨가 음각되어 있다.

갈은구곡은 기암 형상에서 도출된 상징적 명명에 의한 시적경관을 지녔다. 명명에 따른 시적 변용으로 소박하지만 내면적이며 수려한 구곡 전숲경이 전설적 상상경관을 만든다.

사담계곡

사담계곡은 충북 괴산군 청천면 사담리 산8-5번지 일원에 있는 청정계곡이다. 소백산맥 줄기인 낙영산 아래 기암과 노송의 암송 경관이 맑은 물과 흰모래가 어우러져 만드는 수사경관과 절경을 이루고 있다. 계곡 주변 암벽에 우암 선생의 필적인 *沙潭洞川*사담동천이 새겨져 있다. 마을 가운데 개구리봉과 두 갈래 골짜기 사이로 흐르는 맑은 소에 우뚝 솟은 절벽 위로 정자터가 남아 있는 가경이다. 눈에 띄는 절경은 없으나 한적하게 세월을 낚는 기분으로 경치에 몰입하면 세상사에 지쳤던 스스로를 돌이켜보는 즐거움이 있다. 사담의 소에 풍진의 완미함을 마다하지 않으면 저절로 오성을 깨쳐 가며 소박한 선경을 이룬다. 모래가 많고 작은 못이 이어진다는 의미의 사담계곡은 자갈이나 바위보다 모래가 많다. 풍부한 품격의 경관자원을 지녔다.

　　천년고찰인 공림사의 아침은 이승를 떠나 묵상으로 이어져 선경과의 만남을 영겁으로 이어 가는 인연을 짓는다. 조선 중기까지 보은 법주사를 말사로 두었을 정도로 흥했던 고찰에는 찬란했던 명성은 사라졌을지라도 천년의 느티나무가 묵묵히 터를 잡고 있다.

　　낙영산은 화양구곡의 남쪽인 괴산군 청천면 사담리에 있는 거대한 바위산 틈에 노송이 풍상에 견디며 산림과 조화를 이룬다. 낙영산이란 뜻은 산의 그림자가 비추다, 혹은 그림자가 떨어지다라는 뜻이다. 신라 진평왕 때 당 고조가 세숫물을 받아 들여다보니 아름다워 이후 낙영산이라 이름 지었다고 전해진다. 전래적 명명경관이 있어 감흥을 더한다.

　　산세를 압도하는 암송경관이 우람하고 수려해 다채로운 산림과 어울려 전소경목성을 이룬다. 전소경은 절경화성을 이루게 하고, 절경은 선경토성을 만들며, 선경은 비경금성을 품어 가고, 비경은 외경수성을 창출하게 되며, 외경은 전소경을 펼친다. 경관에도 오행으로 순환을 이루는 질서를 갖는다. 따라서 목성을 갖는 사람소양인은 전소경에 취향이 맞고 감흥을 극대화할 수 있으나 비경에 예민하거나 감동이 완미함으로 나타날 수 있다. 그러나 금성인소음인은 비경에 취향이 맞고 감흥을 극대화할 수 있으나 절경에 예민하거나 감동이 완미함으로 나타날 수 있다.

또한 화성인태양인은 절경에 취향이 맞고 감흥을 극대화할 수 있으나 외경에 예민하거나 감동이 완미함으로 나타날 수 있다. 수성인태음인은 외경에 취향이 맞고 감흥을 극대화할 수 있으나 선경에 예민하거나 감동이 완미함으로 나타날 수 있다. 그리고 토성인성화인은 선경에 취향이 맞고 감흥을 극대화할 수 있으나 전소경에 예민하거나 감동이 완미함으로 나타날 수 있다.

위의 오경은 오행의 상생, 상극의 고리와 대위된다. 오경의 조합은 각 특성을 기반으로 주종과 병부竝副에 의해 경관을 우세, 복합, 조화, 보완, 대비, 대조, 연계로 만든다.

군자산

　　군자산은 괴산군 칠성면 쌍곡리 일원에 있다. 이 산은 속리산국립공원에 속해 있으며 옛날에는 군대산이라 불렸다. 산자락의 덕바위, 정자소, 서당말과 우암 선생 유적 등으로 보아 덕을 쌓은 군자의 모습으로 비췄음에 명명되었다. 산의 형상과 기세에 따라 이뤄진 산악경관이 일품을 이룬 산세의 전全경이다. 전래적으로 구곡을 이루는 쌍곡계곡을 품은 군자산은 복합경관이면서 조화경관과 연계경관을 이룬다. 10km의 만곡을 형성한 계곡의 굽이마다 맑은 소와 기암이 있고, 바위 틈으로 소나무가 어우러져 암송경관이 수려하다. 계곡과 산림, 바위와 수목, 물과 뫼는 알맞게 어울려 선경을 이룬다.

　　군자산의 들머리는 쌍곡 제2곡인 소금강에서 다리를 건너면서부터 산행경관으로 시작한다. 솔밭 맞은편 닦아 놓은 주차장의 동편에 표지가 달려 있는 등산로를 따라 15분만 가면 화석 바위 꼭대기의 하늘벽 전망대에 닿는다. 전展경이 펼쳐지며 쌍곡 도로가 저 아래로 보이고 높은 산에 오른 형국이 펼쳐진다. 산행경관은 바위와 노송이 가득함을 표출한다. 소금강의 첨두부를 지나며 우측으로 내려다보면 오금이 저릴 정도로 깎아지른 바위 절벽의 절경을 볼 수 있다. 절경을 감상하며 15분 정도의 산행경관은 다소 밋밋한 봉우리에서 잠시 숨을 돌릴 수 있게 해 준다. 풍부한 품격을 지닌 산림경관이다.

산행 길은 우측으로 내려서는 듯하다가 다시 울퉁불퉁한 바위 길을 올라가면서 5m 정도의 반 프로 수준의 암 등반 지대로 올라선다. 전展경이 훤히 트인 전망대에서 쌍곡계곡의 구곡을 조망할 수 있다. 8부 능선의 비탈길을 올라 20분 정도 가면 정상으로 가는 길목의 작은 봉우리에 닿는다. 지표랜드마크경관인 군자산의 정상이 높이 올려다보이며 사방의 전展경이 발아래 놓인다. 이 봉우리는 전展경을 지닌 자연전망대라고 부른다. 이곳에 오르지 않더라도 봉우리를 돌아 정상으로 오를 수 있다. 자연전망대에서 정상까지는 30분 정도의 등산경관이 오르막의 연속에서 조망과 차경借景이 이뤄진다.

군자산의 정상에는 10여m의 공터가 마련되어 있다. 정상에서의 조망은 군자다운 위용으로 사방에 거칠 것이 없다. 동으로 쌍곡계곡의 구곡이 굽이쳐 흐르고 근경으로 보개산, 중경으로 칠보산, 원경으로 희양산, 백화산, 악휘봉 등으로 이어지는 산악경관이 험준한 산맥의 흐름으로 접근되면서 고고하고 장엄하게 뻗어 간다. 남으로는 작은 군자산과 대야산 너머로 속리산 연봉의 오르내림이 공룡의 등처럼 울퉁불퉁하며, 산세가 우람하고 산 기운이 줄기차다. 점증적 산악경

관은 금수강산의 비경을 나타낸다.

하산은 북측과 남측의 두 길이 있다. 북으로 난 바위봉을 너머 헬기장을 지나 30여 분 내려가면 원효대사가 수도했다는 원효굴바위골로 굴 안에 물이 샘솟는바 깨끗하지 못한 사람이 오면 물이 흐려지거나 벌레가 생겨 못 먹음이 나온다. 그 후 목장길 능선을 따라 40분 정도 내려오면 학동 마을에 닿게 되고, 칠성 소재지까지는 차로 5분 정도 걸린다. 주로 이용하는 하산로로 갈 경우 남으로 능선을 타고 30분 정도 가면 확 트인 바위 봉우리에서 남향의 가리지 않은 모습을 볼 수 있다. 30분 정도 더 내려가면 사은리로 넘어가는 도마재에 닿는다. 왼쪽 내리막길로 너덜 지대를 통과해 50분 정도면 도마골의 큰길에 도착하며 산행을 마칠 수 있다.

남군자산은 괴산군 청천면 관평리에 있다. 청소년 수련 시설인 〈보람원〉이 들어서면서 등산로도 잘 나 있다. 거대한 삼형제 바위와 바위 침니몸이 들어갈 수 있을 정도의 넓이를 가진 굴뚝 모양의 바위 틈가 두 군데나 이어진 산부인과 바위가 있다. 정상에 닿으면 북으로 보이는 군자산의 웅장한 산세가 보인다. 정상에서의 조망은 북동쪽으로 칠보산, 남동쪽으로 대야산이, 대야산 너머로는 속리산 문장대로 이어지는 능선이 접근되며, 산악경관이 파도처럼 펼쳐진다. 하산하며 남동쪽으로 난 주능선의 마루길에서 암송경관을 볼 수 있다.

단양 8경

단양 상선암 만추

도담삼봉

　도담삼봉은 단양읍 중심에서 북쪽 12km 지점 부근인 단양읍 도담리 195번지에 위치한다. 남한강의 만곡을 이루는 사행하천이 산자수명한 풍치 사이로 하중도_{곡류하천이 유로가 바뀌면서 하천 가운데 생긴 퇴적 지형}를 안고 있다. 외면적으로 강 중간에 수면을 뚫고 솟은 바위섬 세 봉우리는 석회암 카르스트 지형이 만들어 낸 원추 모양에 소나무의 푸르름이 조화를 이루는 하중도경관이 독특한 절경이다. 내면적으로 맑고 푸른 수면에 비친 하중도의 실루엣은 가경을 이룬다.

　명승 제44호인 도담삼봉은 전생상념경관으로 하중도경관을 통해 남녀의 애증을 미묘하게 드러낸다. 중간 봉우리는 늠름한 장군의 자태를 닮았고, 때론 남편봉이라 부르기도 한다. 그보다 작은 북 봉우리는 처봉, 또는 아들봉이다. 여인이 아기를 밴 모습으로 남편봉을 바라보고 있는 남 봉우리는 첩봉, 또는 팔봉이라 부른다.

지명의 유래에서 하중도경관은 시적 담론으로 이어 가며 그 이미지의 가치를 풍요롭게 한다. 조선의 개국공신 정도전이 유락했던 도담삼봉을 쫓아 삼봉이라 자호했다. 혹은 삼봉은 원래 강원도 정선군의 삼봉산이 홍수로 떠내려왔다고 한다. 예부터 도담삼봉은 귀한 시적경관을 가졌다. 시적경관은 물안개를 이루는 국면이나 만월의 수면에 어리는 풍광이 감상적 운치를 더해 사랑하는 이들의 마음을 동화로 이끄는 마력이 있다. 단양군수를 지낸 퇴계 이황도 그 귀함을 시로 읊었다. 그리고 황준량, 홍이상, 김정희, 김홍도, 이방운 등이 시화를 남기기도 했다.

장군봉에는 삼도정이라는 목조의 삼=과 삶을 아우르는 육각정자가 있었다. 강기슭에서 해를 등지고 삼도정의 실루엣을 바라보면 반사경에 어리는 상사경관을 창출하는 심미성이 드러난다. 남녀의 만남을 이어 가는 담소의 소재이자 낭만경관이다.

석문

석문은 단양 북쪽 12km 지점의 도담삼봉 하류에 있다. 도담삼봉 음악분수대에서 300m 정도 올라가면 전망대를 지나 남한강변에 높이 수십 척의 돌기둥이 좌우로 마주 보고 서 있다. 위에 돌다리가 걸려 있는데 마치 무지개 같은 형상을 하고 있다. 예부터 이곳에 신선들이 드나들고 천상의 선녀들이 치맛자락을 하늘하늘 휘날리며 노래를 불렀다 한다. 신비의 전설적 소재경관이 남한강과 어우러져 도담삼봉의 실루엣을 담아 감흥을 돋운다.

명승 제45호 석문은 석회암 카르스트 지형이 만들어 낸 자연물로 석회동굴이 붕괴되고 남은 동굴 천장의 일부가 마치 구름다리처럼 형성되었다. 아치형 돌다리인 석문은 하늘 사이로 열리는 수벽과 암벽으로 독특한 관개冠蓋; canopy경관을 만든 전全경이다. 미국 유타주의 아치국립공원에 있는 다양한 돌다리나, 중국 후난성 텐몬산 천문동의 거대한 규모에서 오는 관개경관의 대륙적 감흥과는 전혀 다르다.

　석문을 향해 가파른 경사면을 오르는 체험은 단양의 수려한 산세와 남한강의 풍치와 어우러져 신선이 된 듯한 기분이 들게 한다. 그러한 기운은 멀리 켜켜이 다가오는 점증적 산악경관에서 푸른 채색의 농담을 더욱 다채롭게 관상하는 힘이 된다.

　석문의 관개경관이 형성되기 직전에 새로운 매력을 지닌 경관 소재가 있다. 석문 우측 아래에는 작은 동굴이 있어 주변을 관조하며 석문의 연접경관 요소를 관상할 수 있다. 굴 속에 깔린 암석은 99개의 논두렁과 같은 형상을 이루고 있고, 논두렁이 만들어진 논의 형상에 논물이 담겨 있어 산촌의 논과 밭을 보는 듯하다. 혹은 작은 산골 농촌 마을에 한적한 계곡의 논두렁을 연상케 하는데 상상경관을 표출하여 정경을 부른다.

　굴 속을 들여다보면 마치 구획정리가 된 논두렁처럼 경계 지어진 암석에 물이 담겨져 있어 옥전이라 불렀다. 신선이 농사를 짓던 논이 있어 仙人沃田선인옥전 일명 玉田옥전이라 불렸다. 혹은 마고할미가 하늘나라에서 물을 길러 내려왔다가 비녀를 잃어버려서 비녀를 찾으려고 흙을 손으로 판 것이 99마지기의 논이 되었다. 마고할미는 비녀를 찾을 때까지 기다리며 그곳에서 농사를 지었다. 그렇게 일생을 보낸 후 결국 하늘나라에 들어가지 못하고 죽어 바위가 되었다. 지금도 긴 담뱃대를 문 채 술병을 들고 있는 마고할미의 형상이 바위에 남아 있다.

　　석문은 역사적 소재경관으로 손색이 없다. 석문이라는 지명이 처음 나타난 〈여지도서〉의 도담에 대한 기록을 보면 "石門석문, 隱舟巖은주암이 마주하고 있다"고 수록되어 있다. 또한 〈대동지지〉에서도 도담에 대한 기록에 "바위에 구멍이 뚫린 石門석문이 있다"고 수록되어 있다. 〈해동지도〉에는 도담 옆에 石門嵒석문암으로 표기되어 있다. 그러나 〈조선지도〉에는 은주암만 표기되어 있다. 석문암이냐 석문이냐에 대한 논란은 새로운 소재경관이 될 수 있어 역사적 유물명에 대한 함의가 있다.

　　관개경관을 관상하는 데 매력적 요소는 주변 수림과 풍광이다. 석문 부근의 절벽에는 사시사철 푸른 측백나무들이 자라고 있어 다채로운 암수嵒樹경관이 이뤄진다. 검거나 회색 바위들 사이로 푸른색 나무가 함께 묻혀 가는 색조는 튀어 남을 멀리하는 한국인의 얼을 닮은 듯하다. 그리고 수림이 바위와 어우러지며 만드는 형상은 부드러운 한옥의 처마 선을 이어 감이다.

　　석문의 관개경관은 하늘을 우러르는 우리의 보우 정신이 솟아나는 열림의 모양이다. 서로 도와가며 향약이나 두레를 품앗이하던 선조의 지혜를 깨닫게 하는 역사적 명소다.

석문

구담봉

구담봉은 단양 서쪽 8km 지점인 단성면 월악로 3827번지에 있
다. 남한강을 따라 깎아지른 듯한 장엄한 기암괴석으로 그 형상이 마
치 거북을 닮아 구봉龜峰이라고도 하였다. 명승 제46호 구담봉은 커
다란 거북이 절벽을 기어오르고 있는 형상이 물에 비춰 구담龜潭이라
는 이름을 얻었다고 한다.

조선 인종 때 백의재상 이지번文化財廳 홈페이지에는 주지번(명사신)이라 했지만
단종을 섬긴 이지활의 손자이 벼슬을 버리고 은거하면서 푸른 소를 타고 강산
을 청유하며 칡넝쿨을 구담봉의 양쪽 봉우리에 매고 비학을 만들어
타 왕래하니 사람들이 그를 신선이라 불렀다고 전해진다. 전설경관
의 소재가 기암경관의 가치를 더한다.

구담봉은 멀리서부터 푸르른 농담을 더해 가며 산악이 다가와
절경에 매료된다. 맑은 청풍충주호가 휘돌아 가는 금수강산의 점증적

산악경관을 지녔다. 가깝게는 제비봉과 금수산을 끼고, 멀게는 월악산의 기세를 받는다. 고요와 정적인 호수경관에 주변 산림이 깎아지른 암석과 기묘한 형상으로 감흥을 더하는 암수경관의 다채로움이 돋보인다. 계절마다 달라지는 기암의 명도와 수림의 채색 단풍, 백색 설상의 국면경관은 관상의 주요 관찰 대상이다.

배를 타고 가면 호수와 산세의 관조 방향이 굽이마다 달라지며 다양한 산수경관을 표출한다. 굽이를 돌아가다 갑자기 눈에 다가오는 구담봉은 외경의 일종이라 할 수 있다. 외경에 신선한 공기와 파란 하늘, 맑은 호수가 함께 자아내는 복합경관은 산수경관 중 빼어난 자태라 할 수 있다.

지금보다 더 운치가 있었던 조선시대에 구담봉의 풍광을 두고 "중국의 소상팔경이 이보다 나을 수 없다"며 극찬한 퇴계 이황 선생의 감상은 지나친 것이 아니다. 장회나루 쪽에 퇴계 이황 선생을 사모하던 관기 두향의 묘가 있어 옛 사랑을 되새겨 본다.

이곳은 산수절경에 신비한 상상경관이 뇌리에 각인되는 체험을 가능하게 하는 명승지다. 잔잔한 호수경관과 제비봉이 어우러지는가 하면 금수산이 장엄하게 자태를 드러낸다. 순간 구담봉의 모습과 호수에 투영된 실루엣이 주변 수림과 어우러져 시선을 확 끈다.

단양과 제천에 걸쳐 있는 금수산은 호수에서 1천m의 표고차를 지녔다. 시각적 위요와 산악의 위용을 더 크게 만든다. 원래는 백암산이라고 불렸으나 퇴계 이황 선생이 단양군수로 있을 때 산의 자태가 너무도 곱고 아름다워 금수산으로 명명했다. 파란 가을하늘에 비단으로

다채롭게 수를 놓은 색조를 지닌 금수산의 명칭에 딱 맞는 가경이다.

산악의 스카이라인을 일별하여 보면 산세가 변화되면서 선상, 혹은 지상에서 관찰 위치와 방향에 따라 시각적 구도가 달라진다. 때론 여인의 누운 모습이, 부처의 얼굴이, 미녀의 얼굴이, 혹은 고뇌의 인간이 그려진다. 이에 상상과 망상이 겹쳐지면 상상을 초월하게 되어 희귀한 추상경관이 그려진다.

원효대사의 일체유심조라는 가르침을 되새겨 본다. 금수경관에 취해 가며 삶의 교훈을 얻어 가니 더없이 열락기뻐하고 즐거워함의 묘를 갖는 행운을 갖게 된다. 오행의 내면적 오경으로 품격이 있다.

자연의 아름다움이란 하늘이 줬지만 인간은 그대로 알지 못한다. 아름다움이 변하는 것은 아닐진대 인간이 느끼는 바에 따라 혹은 때와 곳에 따라 미의 기준이 변해 왔음을 돌이켜 본다.

옥순봉

옥순봉은 명승 제48호로 단양 서쪽 9km 지점의 장회리 14-2번 지에 있다. 청풍호반에 어리는 산수경관에 기이하게 솟아오른 봉우리는 산세의 기복과 굴곡이 다양하고 기상천외의 형태다. 한강 본류 남안에 자리 잡은 옥순봉은 행정상으로는 제천시 수산면 괴곡리에 있다. 절벽에는 청송이 곁들어 있고, 산봉우리는 죽순들이 솟은 형상으로, 고목과 등덩굴이 얽혀 있는 아름다운 동양화와 같다. 보면 볼수록 희고 푸른 바위들이 대나무 같이 천연적으로 솟아오른 형색이 옥 같다 하여 붙여진 이름이다. 백색과 청색의 바위에 녹색의 수림이 어우러진 암수경관이 맑은 호수에 투영되는 반사경관과 일체를 이룬다.

전설에 따르면 옥순봉은 원래 청풍^{제천}에 속해 있었는데, 1549년 관기 두향이 단양현감으로 부임하는 퇴계 이황 선생에게 옥순봉을 단양군에 속하게 해 달라고 청했다. 아름다운 옥순봉에 매료된 퇴계 이황 선생이 청풍부사에게 간청을 하였으나 이를 허락하지 않자 석벽에 丹丘洞門단구동문; 단양의 관문이라 암각명暗刻銘했다. 그 후 이곳을 단양의 관문이며 군 경계로 정했다고 한다. 뒤에 청풍부사가 남의 땅에 군계를 정한 자가 누구인가를 알기 위해 옥순봉에 가 보니 글씨가 힘차고 살아 있어서 누구의 글씨냐고 묻자 이황의 글씨라고 하니 감탄하면서 옥순봉을 주었다고 한다.

그러나 행정경계상 제천 땅 위에 있는 옥순봉이기에 단양팔경에서 제천명승으로 남아 있는 아쉬움에 문화사적 의미인 단양팔경으로 전래되고 있음을 밝힘이 절경에 누가 될까 염려된다. 소재와 문화의 갈등에서 오는 논란경관의 대상임에 학문적으로 구명할 필요가 있다.

옥순봉은 기기묘묘한 형상으로 예로부터 소금강이라는 별칭을 가질 정도로 비경인바, 암반 위에서 자란 소나무들도 하늘을 향해 용트림하듯 절묘하게 자리한 암수경관 중 가경의 전형이다. 게다가 깎아지른 수직 절벽의 바위들은 다채로운 색조의 수림과 어울려 울긋불긋한 병풍을 펼친듯 기암의 형상경관을 가졌다. 내연적 오경과 오격을 지녔다.

옥순봉 주변에는 강선대와 이조대가 마주 보고 있어 기암경관의 매력을 관상할 수 있다. 특히 강선대는 높이 15m의 층대가 있고 대 위에는 100여 명이 앉아 청유할 수 있어 행사경관이 가능

옥순봉

하다. 여기에 전설소재경관이 흥미를 돋운다. 〈호서읍지〉에 의하면 조선의 관기 두향이 퇴계 이황을 그리면서 강선대 아래에 초막을 짓고 살다가 죽으면서 이곳에 묻어 달라는 유언대로 장사하였다는 기록이 있다.

옥순봉에서 동남쪽 머리 위로 올려다보이는 바위산이 바로 제비봉이다. 산 이름이 제비봉이라 불리는 것은 장회나루에서 유람선을 타고 구담봉 방면에서 이 산을 바라보면 충주청풍호 쪽으로 부챗살처럼 드리워진 바위 능선이 마치 제비가 날개를 활짝 펴고 하늘을 나는 모습처럼 올려다보이기 때문이다. 제비봉이 관상되는 관조경관은 전형적인 금수강산의 산수경관이다.

제비봉 배경 서쪽으로 계곡경관이 수려한 설마동 계곡이 있다. 산과 계곡, 호수 모두가 다채롭고 화려하기 그지없으며 가을철에는 갈 먹은 단풍경관이 극치를 이루고, 겨울에는 순수의 백설경관이 일품이다. 산행 길목에 오성암이라는 암자가 있어 산행인에게 쉼터가 되고 있다.

사인암

　　명승 제47호인 단양 사인암은 단양읍 남쪽 8km 지점인 대강면 사인암리 64번지에 있다. 덕절산 줄기에 남조천일명 운계천 변을 따라 병풍처럼 넓은 바위가 깎아지른 듯 직벽을 이루며 치솟아 있다. 수변에 위엄을 자랑하고 있는 기암은 외연적 오경에서 극적인 놀람을 주는 외경으로 경악경관이다. 맑은 운계천을 따라 명명된 운선구곡 중 제7곡에 해당한다. 경승은 상징적으로 함축된 의미를 갖고 전설적으로 은유된 명명경관의 대표성을 지녔다. 영화로운 품격의 산수경관이다.

　　고려시대 경사와 역학에 능통했던 대학자인 역동 우탁이 정4품 벼슬인 사인재관 때 이곳에서 머물며 자주 휴양한 데서 조선 성종 때 단양군수였던 임재광이 사인암이라 명명했다고 전해진다. 암벽에 음각된 우탁의 글씨가 남아 필체의 살아 있음을 전한다.

수면의 암반과 수반에서 치솟은 석벽은 수직경관의 극적 감흥을 이끈다. 수직적 암벽에 대한 시각 변화는 관찰자로 하여금 시야를 압도하는 경외심을 일으킨다. 관상하는 동안 감격적 외경은 경탄을 절로 자아낸다. 사인암에는 외경이 지닌 독특한 아름다움을 서화로 남기거나 석벽에 각자하였던 것은 기암경관에 전래되는 흔적이 되기도 했다.

푸르고 영롱한 옥빛 여울이 수백 척의 기암절벽을 안고 계곡의 물길이 휘도는 수변의 기암경관이다. 암벽 사이에 다채로운 수림은 암수경관이 수려한 절경을 표출해 구름을 타고 다니는 신선이 노니는 감흥을 갖게 한다. 상상의 나래로 운선구곡이라는 이름을 얻으며 가경의 돌출이 돋보인다. 자연적 경승지로서의 대명사인 단양팔경의 제5경에 속하는 사인암이 조화로운 품격을 더해 정결한 산수경관의 위상을 갖게 되었다.

해금강의 수직적 암석을 연상케 하는 기암의 풍광은 자연의 직벽 건축을 보는 듯하며 그 색채와 색조는 추상적이며 인상적인 화풍의 그림과 같다. 간간이 바위 틈으로 뻗어 나온 초록의 수림은 흑백, 회색의 암벽과 어울리며 상세하다. 개별적으로 도형화된 암벽의 성상은 시성을 매료시킨다. 하늘을 향해 곧게 뻗은 암벽이 추상적 선형을 강조하며 선연한 격자

무늬를 갖고 있어 감흥을 더한다.

　암수경관에 사계의 풍경을 하나의 화폭에 담기에는 턱없이 모자라는 국면이었을 것이다. 기기묘묘한 외경을 관상하는 필부의 평범한 심미안으로 절경의 풍광을 어찌 글로 기술할 수 있을까. 수려한 형상을 표출한 세상의 기암경관 중 감흥순으로 자리매김을 하면 이보다 나은 것이 있을까. 압축한 형상을 묘사한 그림인들 이보다 뛰어난 성상을 가질 수는 없을 것이다. 아름다운 금수강산의 제일 잘생긴 바위 하나를 계곡에 옮겨 놓은 것이라면 과한 말일까.

　도락산 줄기인 산 정상은 점증적으로 다가오는 산세들과 맑고 푸른 충주청풍호에 반영되는 산세 실루엣의 감흥을 안고 금수강산의 여운을 강하게 남긴다. 계곡의 맑은 물살이 여울지며 흐르는 기암의 풍광에 넋을 빼앗기는 시각적 충격인 경악경관이다.

하선암

하선암은 소백산맥을 흐르는 남한강 상류로 단양 남쪽 4km 지점인 단성면 대잠리 295번지에 있다. 삼선구곡이라고 불리는 선암계곡 중에서 심산유곡의 첫 경승지다. 원시적 산림경관이 우세한 깊은 산세에 맑은 물이 여울져 휘돌아 가는 계곡의 기암경관을 표출한다. 계곡을 머금은 바위며 돌이 나무와 숲을 아우르는 미쁨을 지녔다. 노자의 상덕약곡上德若谷: 높은 덕은 낮고 빈 골짜기 같다을 각성하게 하는 명소다.

계곡은 아무리 크거나 모난 바위라도 거센 물살을 받아들여 작고 둥글게 다듬어 부드럽게 만들며, 빠르고 느림을 쉽게 받아들인다. 물과 돌을 머금은 계곡에는 풀과 나무가 살 수 있는 토양을 만들며 물고기와 동물의 삶터를 가꾼다. 모두를 포용하고 내줌을 기꺼이 하여 높낮음을 스스로 헤아리는 지혜를 갖고 있다.

계곡의 중간에 위치한 불암佛岩; 부처바위이라 부르던 3층으로 된 흰 바위는 너비가 백여 척이나 되어 평평한 마당을 이룬다. 이 넓고 평탄한 바위를 조선 성종 때 임제광이 선암仙岩이라 불렀다가 선암이 계곡을 따라가며 차례로 하 중 상에 위치함을 보고 후에 퇴계 이황 선생이 하선암이라고 개칭하였다 한다. 때에 따라 거울에 비치는 듯한 수면을 지닌 맑은 물이 밤낮없이 흐르고, 물속에 비친 바위가 마치 무지개 같이 영롱하여 홍암이라고도 한다. 상징적 명명경관의 계곡수를 담은 기암경관의 실체를 보는 즐거움이 있다. 내연적 경관에서 가경의 연속체를 보인다.

절경을 이룬 기암의 형상이 매력을 끈다면 계절 변화는 사계경관의 미려함을 더한다. 봄에는 회갈색의 산림에 연분홍의 진달래와 진홍의 철쭉이 화사하게 신록을 뽐낸다. 여름에는 녹음이 짙어지며 바위 사이로 시원한 물이 뿜어내는 포말이 눈부시다. 가을에는 높고 파란 하늘에 다채로운 색깔을 머금은 산악에 단풍과 갈 먹은 잎이 결실을 부르는 넉넉한 풍광이다. 겨울에는 백설로 옷을 입은 바위와 파란 하늘을 간간이 비추는 얼음에 눈 쌓인 소나무 풍경을 그리고 있다. 기암에 수놓은 적설노송경관의 아름다움은 신선함을 지닌 전展경을 펼친 순수경관이다.

적설노송의 절경은 조선시대의 많은 화원들이 화폭

하선암

에 담을 정도로 수묵 소재 중 수려함을 탁월하게 지녔다. 게다가 절경을 감상하는 열락에 체험體驗경관은 감흥을 돋운다. 바위에 걸터앉아 발을 담그면 계곡을 포근하게 감싸고 도는 산세의 아늑한 위요경관에 취한다. 머리끝까지 퍼지는 청량감과 시원한 바람의 상쾌함을 몸과 마음으로 느낄 수 있다. 또한 마음을 터놓고 싶은 벗과 함께하고픈 자연의 품을 그리는 국면경관은 감동을 더한다.

스스럼없는 계곡은 기암의 형상에 온갖 풍상을 이겨 낸 미덕의 힘을 지녔다. 자연의 덕성을 표출한 계곡의 순수함이 있는 하선암의 매력은 암반경관의 파격을 이끈다. 정갈한 품격을 지녔다. 그리고 신선이 되는 상상경관이 절경의 관상을 통해 시현하는 미쁨이 있다. 하선암의 기운을 감싼 도락산이 기쁨을 돋운다.

소백산과 월악산 사이에 걸터앉아 있는 도락산은 "깨달음을 얻는 데는 나름 대로 길이 있어야 하고, 거기에는 또한 즐거움이 따라야 한다"는 뜻에서 우암 선생이 직접 이름을 붙인 바위산이다. 도락산에서의 참다운 기쁨은 산 정상에 올라 정복의 욕망을 채우는 것이 아니라 산이 내주는 겸양을 배워 알아감이다. 매슬로우Maslow의 인간 욕망 5단계설생존본능, 생활안위, 선호동화, 명예추구, 자아실현에서 말하듯 자아실현은 아름다움을 아는 데서부터다. 자연의 미가 자아를 깨우치는 힘의 근본이다.

중선암

　중선암은 단양 남쪽 10km의 단성면 가산리 877번지에 있다. 단양팔경의 제7경에 속하는 중선암은 태고 때부터 상쾌한 바람이 다듬고, 계곡이 유구한 세월에 걸쳐 맑게 씻어 낸 하얀 바위들이 옥빛 계류와 선연한 대조를 이루는 경승지다. 다양한 바위와 수림이 맑은 계곡의 물과 어우러진 선암계곡을 형성하고 있는 삼선구곡의 중심지로 가경의 백미다.

　밝은 햇살이 계곡 안으로 쏟아져 들어오면 하얀 바위들은 눈부시게 빛을 발하고 암계류의 물은 여울지며 흘러간다. 언제라도 신선이 내려오는 광경을 상상하게 하는 푸른 하늘 아래 신비로운 풍경이다. 금수강산의 전형적인 산수경관이 수려한 단양의 대표적 기암경관을 가지고 있는 계곡에 형상적인 바위다. 또한 파란 하늘에 대비되는 녹색 수림을 이루며 흰색의 바위가 층층대를 이루고 있어 수반적 배경에 투영되는 암석의 실루엣이 조화로운 수암水巖 경관이다. 영화로운 품격의 산수경관이다.

삼선구곡 중 중선암은 효종 때 곡운 김수증이 명명한 것으로 전해진다. 골짜기로 흐르는 암계류의 맑은 물속에서 쌍룡이 하늘로 올라갔다 하여 쌍룡폭포라고 한다. 상상의 동물 용이 쌍을 이루는 관경을 상징적으로 표출하는 전설적인 명명경관이다.

청량한 계곡수를 담은 수반적 기암경관의 형상을 보면 시각적 감흥이 일어난다. 시원스레 뻗어 가는 폭포수가 바위를 치며 여울져 가는 물소리를 듣는 즐거움이 있다. 신선이 유람하며 세상을 관조하는 즐거움이 굽이마다 넘쳐 전래적 설화로 이어지는 삼선구곡의 전설경관의 상징성이 강한 중심적 암석이다.

쌍룡폭포가 포말을 그리며 흘러가는 물 사이로 웅장한 두 개의 바위가 있다. 하나는 옥염대, 또 하나는 명경대라 부른다. 두 개의 상징적 암석이 대조를 이루며 기암경관의 풍치를 우람하고 인상적인 형상으로 각인시킨다. 두 바위의 유사성과 대비성이 대위되면서 심미적 성상이 뛰어나며 기암경관의 비경에 관상을 북돋운다.

옥염대 암벽에는 조선 숙종 43년 충청도 관찰사 윤헌주 선생이 四郡江山사군강산 三仙秀石삼선수석이라 대서특필한 각자가 있다. 사군이란 당시의 단양, 영춘, 제천, 청풍을 일컬으며

중선암

삼선_{상선암, 중선암, 하선암}이 가장 아름답다는 뜻이다.

    월악산과 금수산의 정기를 받고 삼선을 잉태한 도락산은 산수경관의 조화를 이뤄내는 절경을 자랑한다. 도락산은 청명한 하늘과 대조되는 흰 바위에 진한 초록색의 노송이 용트림하며 자태를 뽐내고 있다. 대비되는 색조로 인상적인 암수경관을 지니고 있다. 시각에 따라 음영이 달라지는 백색의 화강암석에 낀 오랜 이끼가 흑색, 혹은 회백색으로 다채로운 색조경관을 발한다. 주변의 초록색 수림과 백색 바위를 관상하는 중에 쪽빛 하늘의 구름이 암계류에 비치는 상황_{狀況}경관은 운치를 더한 비경이다.

    도락산의 암수경관이 멀리 원경으로 펼쳐지는 삼선계곡의 흰 중선암 형상이 물에 어른거리는 풍치는 선조들이 청유하는 대상이었음에 틀림없다. 절경에 흔적이라도 남겨 신선의 수명을 얻으려는 야심이 오늘날까지 전해지고 있다. 신선의 열락을 얻으려는 집념이 전래된 암석이 이뤄내는 각자경관은 흥미를 더한다. 더 나가 득도를 향한 선인들의 열정이 느껴지는 암석 형상에 넋을 빼앗긴다. 비경을 느끼는 기쁨은 도를 아는 첩경이다.

상선암

상선암은 단양 남쪽 12km 지점의 단성면 가산리 산69-16번지에 있다. 단양팔경의 대미를 장식하는 제8경 상선암은 경상북도와 충청북도를 가르는 산세에 충북 쪽으로 발달한 사면을 수백만의 성상을 거쳐 만든 계곡에 자리 잡고 있다. 중선암에서 59번 국도를 따라 아기자기한 계곡 풍경에 취해 1시간 정도 걷다 보면 어느 틈엔가 길옆에 물 섶을 파고드는 상선암의 전全경이 펼쳐진다. 중선암에서 약 2km 올라간 거리에 있다. 기암경관이 함께했던 선암계곡의 선경이 서서히 눈에 들어오는 점증적 광경이 이뤄진다.

다양한 형태의 바위가 추상적 형상으로 다가오는 기암경관의 절묘함을 드러낸다. 수반과 수변, 크고 넓은 바위나 암반에 돌출된 장엄한 기암은 없고 작은 바위들이 얽혀 군상을 이루고 있다. 풍상의 숱한 고비를 넘어 작고 올망졸망한 바위들이 모여 있는 모습은 살 겨운 한국인의 정서에 맞게 소박하다. 내연적 오경 중 정경이며, 풍부한 품격을 지녔다. 선조 때 수암 권상하 선생이 상선암이라 명명하였다고 한다.

대미산의 정기가 황정산의 고봉으로 이어지며 신선봉에서 불알 바위와 사모 바위로 이어지는 동측의 산세가 상선암을 품는다. 하설산의 정기를 받은 문수산에서 내려오는 산줄기가 큰두리봉을 지나 석이봉과 용두산에서 솟구친다. 또한 암월암을 만들어 감싸는 형국이 상선암의 서측 산 기운을 품고 있음을 느끼게 한다. 산수가 어우러져 만드는 형세形勢경관은 만장의 청단대석붉고 푸른 큰 바위이 벽을 이루고, 계수는 반석 사이를 용출하여 평평히 흐르다가 좁은 골에 이르러서 폭포가 되니, 그 음향은 우레와 같아 시청각경관의 감흥을 더한다.

운치를 쉽게 이어주는 길이 옆으로 놓인 아치형 다리를 따라 상선암으로 이끄는 상황경관은 부드러운 시각적 안정을 이루며 수변의 기암과 즐비한 바위, 돌들의 군상을 이끈다. 수암경관이 만드는 풍경에 빨려 들어가며 눈길은 바위 아래로 계곡 물이 세차게 휘돌아 가는 가경과 정경이 어우러진 묘경妙景에 머문다. 이제는 사람의 왕래를 허용하는 포장도로에 질렸음직도한데 길섶에 자리한 상선암의 풍경은 언제라도 사람이 오가는 길 바로 옆에 자리하며 친근하게 내면의 모습을 보여주는 너그러움이 있다. 겸양을 알아야 함을 훈계하고 몸가짐을 바르게 하는 훈육訓育경관이다.

보은 8경

보은 문장대와 가을 단풍

속리산 문장대

속리산의 한 봉우리인 문장대는 충북 보은군의 속리산면과 경북 상주시 화북면 경계에 있다. 속리산은 최고봉이 천황봉이지만 문장대로 대표된다. 원래 구름 쌓인 봉우리라는 운장대雲壯臺였으나, 세조가 대에 올라 시를 읊은 후 문장대로 바뀌었다. 문장대의 산봉우리는 넓은 바위로 외연적 오경을 이룬다.

문장대는 속리산의 아홉 봉우리의 빼어난 전全경을 이루며, 산능선과 계곡의 절경과 선경을 낳는다. 그리고 절벽과 노송으로 비경과 외경을 만들며 내연적 오경의 조합에서 총화를 이룬다. 정상에서 관조되는 기암괴석의 가경은 형상에 따라 전展경을 만들고 사방의 풍경에 취하게 한다.

"속리산은 산마루에 문장대가 있는데 층이 쌓인 것이 천연으로 이루어져 높게 공중에 솟았다"라고 〈신증동국여지승람〉에 기록되고 있다. 물이 세 갈래로 갈라져서 동쪽으로 낙동강이 되고 남쪽으로 흘러 금강, 서쪽으로 흘러 한강이 된다고 전해진다. 세 강의 발원적인 정점은 상징성이 강한 지표물로 인지도가 커질 수밖에 없다. 시대를 넘어 장소의 귀속성을 중요시하는 지방자치의 표상으로 자리매김하는 상징경관을 표출한다. 더군다나 백두대간의 중추성은 국토의 중심을 강화하는 힘을 갖는다. 백두산의 정기가 서려 있는 태백산맥에 이어 간 소백산의 우람하고 수려함이 지리산으로 뻗어 감은 문장대의 마력이다.

문장대에서 펼쳐지는 전展경은 보는 방향과 시각에 따라 웅장함과 기묘함이 살아난다. 골짜기와 능선에 따라 전개되는 국면은 회백색 바위와 푸른 수목이 그려 내는 암수경관을 다양하게 만든다. 게다가 일조와 향이 이루어 가는 암벽의 반사와 음영은 기기묘묘하여 기암경관은 신기하다 못해 괴기스럽다.

계절적 변화에 따라 문장대의 다채로운 색조경관은 매력을 더한다. 진달래와 철쭉이 노송 사이로 물드는 봄에는 화사함이 반기고, 녹음이 짙어 진초록으로 농담을 더한다. 여름에는 작열하는 태양에 바위는 뜨거워지며 눈부시다. 노란 갈잎과 누런 상수리가 붉은 단풍으로 갈 먹는 가을에는 들녘의 열매로 넉넉함을 채워 간다. 백설이 온통 하얗게 덮은 나무와

문장대

돌, 바위 위로 순백의 순수함으로 얼리는 겨울은 눈부시며 차가움마저 정경으로 녹아든다. 문장대만이 갖는 사계경관의 전형이 우러나는 멋을 지녔다.

문장대에 세 번 오르면 극락에 간다는 전설이 전해진다. 문장대의 산행은 부드러운 듯 깔딱거리는 험함과 함께 스릴이 넘치는 정상에 오르는 오묘한 쾌감이 있다. 오르는 능선과 계곡이 낳는 풍경은 감흥을 더하고 갑자기 맞닿은 암벽은 절경을 만든다. 발아래 노송과 기암으로 층층을 낳은 절벽은 맞은편 암수경관의 가경이 눈앞에 다가와 묘경을 만든다. 전설경관과 산행체험경관이 살아나 극락의 상상경관을 본다.

속리산 법주사

　'불법이 머문다'는 뜻을 가진 법주사는 보은 속리산 자락에 위치하고 있다. 신라 진흥왕 14년에 의신조사가 처음으로 창건한 후 성덕왕 19년과 혜공왕 12년에 대찰로 중창하였다. 고려시대 홍건적의 침입으로 공민왕이 안동에 피난을 왔다 환궁하는 길에 들렀고, 조선 태조는 즉위하기 전 이곳에서 백일기도를 올렸으며, 병환 중 세조는 복천암에서 사흘기도를 올렸다고 전한다. 정유재란시 충청도 승병의 본거지였다 하여 왜의 방화로 전소되었고, 사명대사가 대대적인 중건을 시작하여 인조 4년에 중창된 후 여러 차례 중수를 거쳤다.

　법주사의 경관은 외연적으로 암수경관이 빼어난 사찰의 전수경이 펼쳐진다. 내연적으로 속리산의 산세를 배경으로 송암경관이 어우러진 풍경을 이루며 속리의 정경을 낳는다.

　예전 법주사는 만다라를 기본으로 점근하는 정점에 가람배치탑.

를 하였다. 대웅보전을 중심으로 하는 화엄신앙축과 용화보전을 중심으로 하는 미륵신앙축이 팔상전에 직각으로 교차하고 있었다. 1990년에 청동 미륵불의 조성으로 가람배치의 위계와 접근이 달라지며 사찰 공간의 이질적 성상이 여기저기 흩어져 있다.

경관 요소의 종속과 공간 구성의 대칭이 향과 축에서의 변화를 이루는 전展경을 만들고 있다. 오행에서 오상五常; 인예신의지仁禮信義知의 엮임이 달라졌다. 주된 나들임의 시종과 회유의 과정을 새로 시작하여 속리의 정기를 이어 감을 표출하는 셈이다. 사찰경관의 전형을 없애는 우세의 출현으로 시각적 다양함을 창출한다. 배경과 전展경의 조화와 전展경과 정경의 우세를 속리의 가경으로 다듬어짐은 나름 심미성을 창출한다.

팔상전은 한국 탑파 중 제일 높은 목조탑 전형의 건축물이 되었다. 전체 높이가 상륜까지 22.7m로 석련지에서 관찰 앙각올려 본 각이 부각되는 관상을 만든다. 팔상전의 처마선과 속리산 능선이 이루는 형상 사이로 파란 하늘이 열리고, 산세를 배경으로 천년 세월의 이끼 낀 흑백 바위에 구불구불한 노송의 자태가 돌출하며 켜켜이 접근해 가는 암송경관은 일품의 가경을 이룬다.

쌍사자 석등은 신라 석등

중 뛰어난 작품 중의 하나다. 전형 양식에서 벗어나 8각의 지대석 위에 하대 연화석과 간주석_{석등의 기둥}을 석사자로 대치한 쌍사자 연화대 연꽃 모양으로 만든 불쌍의 자리 방석을 모두 하나의 돌에 조각한 것으로, 다른 석등에 비해 화사석_{석등의 중대석 위에 있는 등불을 밝히도록 된 부분}과 옥개석_{석탑이나 석등 따위의 위에 지붕처럼 덮는 돌}이 큰 것이 특징이다. 쌍사자와 석등의 비율과 선형의 구성이 안정된 형상을 이루며 사방에서 관상되는 배경과 조화를 이루는 명품이다.

통일신라시대 때 제작된 석연지는 8각의 지대석 위에 3단의 굄과 한 층의 복련대를 더하고, 그 위에 구름무늬로 장석을 놓아 거대한 석련지를 떠받쳐, 마치 연꽃이 구름 위에 둥둥 뜬 듯한 모습을 조식한 걸작이다. 부처의 염화시중의 미소를 알아차린 가섭존자의 예지_{사물의 이치를 꿰뚫어 보는 지혜롭고 밝은 마음}를 형상화한 조상의 얼이 경내의 풍경소리에 깨어나 탐욕의 세진을 터는 정경을 그린다.

혜공왕 대에 진표율사가 법주사를 중창하던 때의 사천왕 석등은 신라의 전형적인 8각석등의 대표적인 양식이다. 조각 수법의 선이 부드럽고 우아하며, 보물을 품은 가람의 정경은 불법이 이끄는 윤회 경관의 찰나를 일깨운다.

속리산 오리숲

　속리산 오리숲은 국립공원 초입에서 법주사에 이르는 2km에 이르는 숲길이다. 숲의 경관은 외연적으로 속리산의 산세로 위요되는 전全경을 이룬다. 내연적으로는 속리산의 능선을 배경으로 법주사에 이르는 길가의 수림경관이 다양한 풍경을 이룬다. 수목 사이로 전展경이 펼쳐지고, 숲 사이로 흐르는 냇물 소리와 산 내음은 폐부를 파고든다.

　매표소 근처에서 법주사 입구까지 이르는 길은 두 곳으로 갈라져 오리숲을 지나게 되며 부드러운 곡선으로 오감의 시선이 원근법처럼 변화된다. 강화 다짐을 한 황토를 깔아 놓은 숲길이 있고, 다른 하나는 속리산 계곡에서 이어지는 사내천을 따라 물소리를 들으며 가는 흙길인 자연 관찰로다. 자연 관찰로는 숲 이야기를 낳으며 자연 학습을 돕는다. 속리산의 동물들, 참나무, 단풍나무, 소나무, 곤충,

버섯의 역할 등 해설판이 있어 자연의 소중함을 느끼게 한다. 속리산의 자연을 감상하고 생태를 관찰하면서 자연학습을 할 수 있는 오솔길이 엮이는 수목의 관개경관은 색다른 형상의 공간미를 낳는다.

속리산국립공원 오리숲은 수령이 100년 이상 된 노송과 참나무들이 하늘을 덮고 있어 나뭇가지와 잎이 통하지 않는 관개를 이룬다. 떡갈나무, 단풍나무, 소나무 등이 제각각 숲을 이루며 계절에 따라 펼쳐지는 풍광이 가경을 만든다. 봄철에는 속리산의 정기를 받아 신록이 돋아나며 만물에도 추위를 터는 생기가 살아난다. 여름에는 하늘을 가린 울창한 나뭇가지와 잎이 시원한 그늘을 만든다. 가을에는 빨간 단풍잎이 햇빛을 받아 더욱 선홍이 되고, 푸른 소나무 잎은 색조가 진하게 우러난다. 겨울에는 나뭇가지가 백설로 옷을 입어 흑백의 채색 농담을 더하며 하얀 세상을 이룬다. 다양한 수종의 나무와 하늘다람쥐, 수달 등이 서식하는 생태적 가치와 천년 고찰 법주사가 머무는 역사로 자연학습 탐방로가 된다.

오리숲

오리숲길을 걷다 보면 속리산국립공원 깃대종인 망개나무를 찾을 수 있고, 운이 닿으면 또 하나의 깃대종인 하늘다람쥐를 볼 수도 있다. 자연을 찾는 이의 마음에는 귀소본능이 자리하기에 혜량을 이루는 구도의 길로 들어

가는 정경을 만들 수 있다.

오리길에 득도를 향한 수행 방법의 하나로 되닐 수 있는 12두타頭陀행이 있다.

① 속세와 떨어진 고요한 곳에 머무는 것. 在阿蘭若處

② 왕이나 신도들의 공양을 따로 받지 않고서 항상 걸식만 하는 것. 常行乞食

③ 하루에 일곱 집만 부자와 가난한 자를 가리지 않고 차례로 찾아가 걸식을 하며, 음식을 얻지 못했을 경우에는 굶는 것. 次第乞食

④ 하루에 한자리에서 한 번만 식사하는 것. 受一食法

⑤ 발우에 담긴 음식만으로 배고픔을 면할 정도만 먹는 것. 節量食

⑥ 정오가 지나면 음료 등도 마시지 않는 것. 中後不得飮漿

⑦ 좋은 옷을 입지 않고 분소의糞掃衣만 걸치는 것. 着弊衲衣

⑧ 삼의만 입는 것. 但三衣

⑨ 무덤에서 머무는 것. 塚間住

⑩ 나무 밑에서만 쉬는 것. 樹下止

⑪ 노천에서만 앉는 것. 露地座

⑫ 앉기만 하고 눕지 않는 것. 但座不臥

정이품송

정이품송은 충북 보은군 내속리면 상판리 241번지 속리산 입구 진입 도로에 서 있다. 높이 15m, 가슴높이 둘레 4.5m, 가지의 길이 동쪽 10.3m, 서쪽 9.6m, 남쪽 9.1m, 북쪽 10m, 점유면적 1158.3m² 규모의 수령 600년 된 노거수다.

정이품송의 경관은 외연적으로 속리산의 능선과 산세로 위요경관을 형성한 배경에, 초점경관을 이루는 소나무의 전(全)경이 우람하게 자리 잡은 자태를 뽐내는 모습을 보인다. 내연적으로는 소나무의 우아한 형상으로 시각적 안정과 품격을 갖춘 풍경이 다가온다.

1464년 조선조 세조가 속리산 법주사로 행차할 때 타고 있던 가마가 이 소나무 아래 가지에 걸릴까 염려하여 "연(輦)걸린다"고 말하자 소나무는 스스로 가지를 번쩍 들어 올려 어가(임금이 타던 수레)를 무사히 통과하게 했다고 한다. 이에 연걸이소나무로 불렸고, 그 연유로 세조는 소나무에 정2품 벼슬을 내렸다고 한다.

수관_{나무의 줄기 위에 있어 많은 가지가 달려 있는 부분}이 삿갓, 또는 우산을 편 모양을 닮아 원기둥 중심에 올려 단 원추형상이다. 가지와 솔잎이 정갈하게 어우러진 수형_{樹形}경관은 줄기를 중심에 둔 삼각형이 안정적이다. 수형이 이룬 대칭성이 산세를 품어 시각적으로 우러러보이며 늘어진 가지를 들어 올리는 기품은 단아하다. 그러나 정이품송은 살면서 1980년대 초, 솔잎혹파리의 피해와 1993년 강풍에 서쪽 큰 가지가 부러지며 각종 오염으로 피해를 입어 본래 모습이 많이 상했다. 보존 차원에서 2002년에 정이품송의 꽃가루를 가루받이하여 후계목을 길러 내고 있다.

속리 서원리 600년의 정부인송 소나무는 속리산 남쪽의 서원리와 삼가천을 옆에 끼고 뻗은 도로 옆에 있다. 정이품송의 외줄기로 곧게 자란 모습이 남성적이고, 정부인송은 활짝 편 우산 모양으로 모습은 여성적이다. 송계계곡 8경에 속하는 망폭대의 정삼품송, 괴산군 연풍면 적석리와 울진군 근남면 행곡리의 노송도 유사하다.

소나무의 충절을 닮은 상징경관은 장소성뿐 아니라 고고한 충직성을 담는 표상이 되고 있다. 선비들에게 군자, 또는 절개의 상징으로 여기는 소나무는 눈보라가 몰아치는 한겨울에도 푸르름을 잃지 않아 대나무, 매화와 함께 세한삼우_{소나무, 대나무, 매화나무}로 일컬어졌다. 윤선도는 〈오우가〉 시

정이품송

조에서 벗으로 보았다.

추위가 닥치면 잎을 떨어뜨려 앙상한 가지만 남기는 다른 나무들과는 달리 한겨울에도 푸름을 간직하는 소나무는 장수를 상징한다. 절개의 상징화로 김정희의 〈세한도〉가 있고, 장수의 상징화로 〈십장생도〉를 들 수 있다. 정이품송의 형상은 기품과 장수의 상징경관에서 표상이 된다. 또한 소나무는 학 그림과 함께 그려지는 경우가 많다. 학과 소나무는 장수를 상징하는 동시에 벼슬과 관련이 있다. 학은 문관 일품에 비유되며, 소나무는 산행 길에 비를 피하게 해 준 나무라 하여 진시황으로부터 벼슬을 받은바 있다. 학과 소나무가 함께 그려진 그림은 장수의 염원과 문관으로서 벼슬에 봉해지기를 기원하는 마음을 담고 있는 셈이다.

소나무는 상록을 간직한다 하여 새해를 상징하기도 한다. 예부터 까치호랑이 그림에 소나무를 썼다. 소나무와 까치, 호랑이가 함께 그려진 그림은 새해를 맞이하여 기쁜 소식이 있길 기원하는 마음을 담는다. 기쁨을 의미하는 까치 두 마리와 함께 그려진 소나무 역시 신년을 의미한다.

정이품송 앞마을의 이름을 진허陣墟라고 부르는 것은 세조를 수행하던 군사들이 진을 치고 머물렀다는 내력에서 명명되었다. 소나무와 연관된 명명경관이 펼쳐지는 마을은 속리의 전설경관을 담아 정이품송의 정경이 속리산을 연상하면 늘 살아난다. 기품을 지닌 정이품송은 역경을 이겨 내고 독야청청 꿋꿋한 절개와 의지를 나타내는 상징경관의 표상이다.

구병산

9개의 봉우리가 병풍처럼 둘러 있는 구병산은 보은군의 속리산 면, 장안면, 마로면의 경계에 있다. 충북에서 으뜸 경관인 속리산과 구병산을 잇는 43.9km를 충북알프스로 정해 특허청에 업무표장 출원 등록했다. 구병산의 경관은 외적 오경을 이룬다. 드높은 산봉우리와 산세가 전(全)경을 이루며, 산 능선과 계곡의 절경이 선경을 낳는다. 그리고 절벽과 노송으로 비경과 외경을 만든다. 내연적으로는 내적 오경의 조화를 이룬다. 골짜기와 산의 수림, 바위가 다양한 풍경을 만들고, 산세의 흐름을 배경으로 기묘한 전(展)경을 낳는다. 속리산의 명성에 가려 외지인에게는 덜 알려져 있다.

이곳의 산세는 험하나 계곡은 청정하고 혼잡이 없다. 수백 년 된 참나무들은 자연의 위대함을 표출하는 수림경관을 돋보이고, 산 능선과 수림 사이로 다가오는 초록은 농담을 달리해 가경을 이룬다. 병

풍처럼 동서 방향으로 약 10km 이상 뻗어 있는 산 능선은 명명경관의 특징을 갖는다.

구병산 밑에 위치해 구병이라는 명칭이 생긴 구병리는 산자락에 있는 산촌 마을이다. 지형이 소의 자궁과 같다 하여 우복동牛福洞으로 불리기도 한다. 마을의 명명경관은 구병산의 정기를 받아 힘차며 거침없는 산 암벽의 기상으로 산촌의 정경이 우러난다.

구병산 정상의 전全경은 산악경관이 점증적으로 펼쳐지며 보은 평야가 내려다보인다. 능선과 골짜기는 암송경관이 켜를 두며 가득 차 절경을 이룬다. 소와 여울을 바위 사이로 내민 수림은 자연의 도태를 넘어 인고의 형상을 표출하며, 수암수경관을 품고 선경을 만든다. 소폭을 이루는 계곡들은 시각의 변화를 예측하기 어려울 정도로 기묘하다 못해 괴기한 형상을 담고 있어 간간이 비경을 이룬다.

서원계곡

서원계곡은 충북 보은군 장안면의 북동쪽에 있다. 속리산 길목에 있는 서원계곡은 속리산 동쪽 줄기에 삼가천이 흘러가며 만드는 골짜기에 자리 잡고 있다.

계곡의 경관은 외연적으로 속리산의 산세를 이어 가는 구병산에서 발원한 삼가 저수지_{비룡 저수지}의 물이 삼가천을 이루며 정결한 선경을 이룬다. 내연적으로 속리산의 능선과 금적산의 산세를 배경으로 맑은 물이 흐르며 소와 여울을 이루고, 계곡 주변의 수림이 바위와 어울려 수암수경관의 극적 조화로 선경을 만든다.

상현서원에서 유래된 서원리는 속리산 줄기에 터를 잡고 삼가천이 흘러 금강으로 이어진다. 황해동은 맑은 계곡수가 휘돌아 가는 수림 사이에 자리한 기암의 절경이 시각적 변화와 국면에 따라 형상을 달리해 세상을 벗어난 풍경을 이룬다. 고귀하고 격조 있는 운치로 선

서원계곡

정부인송

경을 이룬다.

수령 600년의 서원리 소나무는 속리산 남쪽의 서원리와 삼가천을 끼고 뻗은 도로 옆 마을 입구에 있다. 높이 15.2m, 근원직경뿌리 근처의 둘레 5.0m, 줄기 84cm 높이에서 두 개로 갈라졌으며, 전체적으로 우산을 활짝 편 모양이다. 법주사 입구의 정이품송과는 부부 사이라 하여 정부인송이라고도 불린다. 정부인송은 우람하고 수려한 산세를 배경으로 빼어난 수형을 지닌 노거수다. 수형은 안정적이고 인상적인 초점경관을 만든다.

두 노송은 원추형에 원기둥을 중심으로 대칭을 이루고 있어 수형의 정형미가 탁월하다. 정이품송의 외줄기로 곧게 자라 우람하고 다소 위압적인 모습이 남성적이고, 수형의 전체적 형상은 우산형으로 퍼진 부드러운 선형을 지닌 여유로운 모습이 여성적으로 대조를 이룬다.

서원계곡은 금적산과 속리산을 이어 가는 산줄기 5부 능선의 서원계곡 방향에서 사람이 들어갈 수 있는 입구 크기의 대형 풍혈바람구멍이 있어 산정기를 내리고 있다. 그 정기를 받은 속리산 자락이자 서

80

원계곡 하류 지역인 충북 보은군 장안면 개안리에는 한여름에도 찬바람이 부는 자그마한 얼음굴이 있다. 예부터 북두문이라 불리는 얼음굴은 어른 한 명이 겨우 들어갈 정도의 크기로 해마다 7~8월 얼음이 언다고 한다. 날씨가 더울수록 더욱 시원한 바람이 나오며, 한기를 일으키는 찬바람도 갑작스럽게 분다. 이 일대 서너 곳의 바위틈에서도 같은 현상이 발생해 특이한 피서가 이뤄진다.

얼음굴을 품은 계곡은 고요한 수림 사이로 맑은 물이 흐르며 크고 작은 소가 이뤄지고, 시원한 물소리는 청량淸凉경관의 전형을 낳는다. 국면에 따라 계곡은 기암과 송림의 암송경관이 잔잔한 수면에 어리는 실루엣을 그리며, 색다른 산수의 정경을 만든다.

계절경관은 흥미를 더한다. 봄에는 노란 유채꽃의 서정을 키우고, 한여름에는 울창한 녹음의 피서를 유혹하며, 가을에는 하얀 메밀꽃의 시상을 떠올리게 하고, 겨울에는 백설의 순수로 세진을 씻는 즐거움이 있다. 예부터 글을 배우고 가르쳤던 터를 지켜오는 서원계곡은 깨끗한 공기에 맑은 물을 머금어 득도를 일구는 속리世속의 이치를 낳을 수밖에 없는 듯하다.

만수계곡

만수계곡은 충청북도 보은군 내속리면 만수리에 있다. 속리산 천황봉에서 발원하여 산줄기 동쪽에 삼가천을 이루며, 삼가 저수지에 이르는 길이 4km의 골짜기 산세에 은둔하고 있는 계곡이다.

경관은 외연적으로 속리산의 정기를 받은 산림이 펼쳐져 있어 전全경을 안고 있다. 산등성이부터 산기슭에 이르는 가파른 절벽에 기암과 수목이 우거져 있는 골짜기에 맑은 물과 물가, 물 속의 바위가 여울과 소를 만들며, 국면에 따라 선경과 비경을 이룬다. 내연적으로는 오행에서 내적 오경의 총화를 이룬다.

골짜기는 산세를 받은 산림을 배경으로 수림과 바위가 다양한 풍경을 만들고, 산세의 흐름을 배경으로 기묘한 전展경을 낳는다. 가파른 절벽에 이른 계곡은 기암으로 울창한 숲과 깎아지른 암석이 비치는 맑은 물과 어우러져 가경을 이룬다. 노을 지는 산기슭에 산골은 한적하고 운치 있는 정경을 낳는다.

늦봄까지 진달래와 철쭉이 피어 화사하고, 여름철이면 짙은 초록의 산림이 계곡을 에워싸 피서를 돕는다. 가을에는 붉은 단풍과 노란 은행, 누런 상수리로 풍성함을 채우며, 겨울에는 백설이 하늘과 땅에 가득해 노송의 독야청청을 읊조린다.

계곡을 따라 오르다보면 백두대간의 중추인 소백의 산줄기가 솟구치는 점증적 산악경관을 이루는 전소경이 활기차다. 길이 17km의 등반로인 천황봉, 경업대, 신선대, 문장대, 중사자암, 복천암, 세심정을 지나 법주사까지 이어지는 노정으로 종주의 성취감이 있다.

속리산 줄기가 형제봉 산줄기와 어깨를 겨루는 사이 골짜기에 청정한 공기를 불러일으키고, 남으로 뻗어 가 삼가 저수지에 이른다. 삼가리는 서원리, 중판리, 구병리 등의 세 마을로 이어져 보은과 문경, 상주로 이어 가는 삼거리에 위치한 마을로, 임경업 장군에 의해 이화동이란 옛 이름을 지니고 있다. 자연 마을로는 밤바위골과 대밭말이 있는데 밤바위골은 바위가 둥굴둥글한 밤 모양이고, 대밭말은 조리대나무가 많았다 하여 명명되었다.

구병리는 서원계곡을 품은 구병산 기슭에 자리 잡고 있다. 구병리 아름 마을은 보은의 자랑인 충북알프스를 품은 삶터다. 우람한 산세를 배경으로 나지막한 산기슭에 만수계곡이 스쳐 가며 계절풍을 골바람_{골짜기에서부터 산꼭대기로 부는 바람}으로 부드럽게 완화하는 미기후는 양지바른 마을을 낳은 셈이다.

삼년산성

삼년산성은 충북 보은군 보은읍 북쪽 2km 어암리 산101번지에 있다. 산성의 남쪽은 어암리, 북쪽은 풍취리, 서쪽은 성주리, 동쪽은 대야리로 둘러싸여 성벽이 축조된 능선이 경계를 이루고 있다.

산성의 경관은 외연적으로 산 능선을 쫓아 전全경을 이룬다. 내연적으로는 국면과 상황에 따라 풍경을 만들고, 산세를 배경으로 문화적 사적에서 비롯된 전展경이 나타나며, 성곽경관에 감흥을 가지며 역사적 정경이 다가온다.

삼년산성은 470년에 축조된 후, 486년에 개축되었다. 지정면적 226,866㎡, 둘레 1,680m다. 오정산의 능선을 따라 문지門址 4개소, 옹성甕城 7개소, 우물터 5개소와 교란된 수구지水口址 등의 시설이 있다. 삼국시대에 삼년군에 속한 삼년산성은 오항산성으로, 오정산성 등으로 기록되어 있다. 역사적 명명이 달라짐은 산성의 형상과 위상을 달리했다. 시대적 산성경관이 달라졌을 상황과 국면은 새로운 역사적 상상경관을 유추하게 한다.

산성은 성벽이 견고한 포곡형이며, 구들장처럼 납작한 장방형 자연석을 이용하여 井_정자 모양으로, 한 켜씩 가로와 세로의 교차 쌓기로 축조하였다. 높이는 지형에 따라 13~20m로 가변적이며, 거의 수직으로 견고한 기초를 위해 재하중이 큰 성벽 모퉁이 부분에는 4중의 계단식으로 쌓았다.

구조적 안정감과 위압적 중후감을 갖도록 축조된 성곽은 방호공간의 시각적 형상을 만들고 있다. 동과 서의 성벽은 내탁외축_{속을 단단히 다지고 겉을 쌓음}으로 남과 북의 성벽은 내외협축_{안팎에 돌을 쌓고 그 안에 돌을 채운 방식}으로 축재하여 효율적이며 건실한 역사적 성곽경관을 만든다. 성벽을 일주하면 시시각각 풍경이 변하며 제자리에 돌아와 회유경관을 경험한다.

해발 350m 정도에 산성이 위치해 있음은 지금도 읍에서 바라다보이는 낮은 산에 위치하여 방호공간의 수월성과 유용성을 증대시키므로 요새를 공고히 함에 있다. 이는 성곽경관을 관상하는 묘미다. 그러나 막상 성에 올라가 보면 한눈에 사방이 내려다보이는 시야를 확보하고 있다. 성벽을 높이 쌓아 전장에서의 전_展경을 파

악함은 수성의 근본이 된다. 10~15m에 달하는 산성의 높이는 우리나라의 어디를 가도 볼 수 없는 위용을 지녀 역사적 성곽경관의 백미를 더한다.

삼년산성에는 동서남북 사방으로 계곡을 이룬 곳에 문을 내고, 문과 문 사이에는 높은 봉우리가 있다. 사방에 높은 봉우리를 두고 가운데가 오목한 고로봉 형식의 산성으로 방어에 유리함은 선인의 지혜로움을 보는 정경이 새로워지며 겹다.

성벽은 산세를 배경으로 지세에 따라 부드럽게 선을 그리는 형상이다. 이는 파도를 닮아 성 안과 밖의 높이 차를 음영으로 가르는 윤곽으로 이어 간다. 시각적으로 부각되는 대상의 연속이 옛 장병의 함성을 담아 길게 늘어지며, 더욱 또렷한 실루엣을 만든다. 경관적 연속체인 코리도corridor를 만드는 전형을 볼 수 있다.

삼년산성은 축성에 얽힌 애잔한 전설을 가지고 있다. 남존여비와 모자친애의 사상을 바탕으로 한 축성경관은 현실에 대한 보상적 상황을 갖는 정경을 그린다. 보상적 전설경관의 시현을 형상화하는 전형을 추정할 수 있다. 전설경관은 슬픔을 승화시킨 형상을 이루는 순수함이 배어 정경을 낳는다.

영동 8경

영동 한천팔경 월류봉과 월류정

영국사

　　영동의 명승지인 양산팔경의 제1경 영국사는 신라시대의 고찰이다. 송호국민 관광지에서 서북쪽으로 약 6.3km 떨어진 양산면 누교리에 있다. 외연적으로는 천태산 자락에 가람의 전全경을 갖고, 내연적으로는 오경을 이룬다. 산세를 배경으로 역사적 고찰과 은행나무가 조화를 이루는 가경과 옛 정경이 살아 있는 산 아래의 전展경으로 이뤄지고 풍경이 가람의 운치를 더한다.

　　신라 문무왕 8년 원각대사가 창건하였고, 고려 문종 때 대각국사가 국청사라 했다. 그 후 효소왕이 육궁백관을 인솔하고 피난했다는 전설이 있는 옥새봉과 육조골이 있고, 고려 공민왕이 홍건적의 난을 피해 이 절에서 나라의 안위와 백성의 안녕을 기원함으로써 국난을 극복했다 하여 영국사로 이름을 바꾸었다. 나라를 사랑하는 마음이 깃든 고찰은 천태산의 정기를 이어 1300여 년을 버텨 온 터에 국가적 호국정신이라는 값진 유산을 남겼다.

영국사는 호국의 상징으로 공간을 조성하는 단지설계 기법의 흔적을 갖고 있다. 숭배의 대상을 기단으로 쌓고, 좌우와 중앙으로의 출입 동선을 둔다. 그리고 노단과 같은 단차를 활용한 돌쌓기는 추모해야 할 조형물이나 건축물을 안정적으로 둘 수 있는 기반을 만든다는 공간 구성 방식이다. 이것은 호국을 위한 단지경관의 모범이 될 수 있다. 은행나무와 같은 거수목의 식재 위치나 다른 수종의 배열과 배치를 원용하면 호국경관에 필요한 식재 기법의 고전적 형식을 형상화하는 데 유익하다.

영국사에는 은행나무, 부도, 삼층석탑, 원각국사비, 망탑봉 삼층석탑이 있다. 천 년을 넘긴 은행나무는 높이 31.4m, 가슴높이 둘레 11.54m다. 거목의 둘레는 어른 서넛이 손을 맞잡고 둘러서야 나무를 제대로 안을 만큼 거대하다. 특히 서쪽으로 뻗은 가지 가운데 한 개는 땅에 닿아 뿌리를 내리고 또 다른 은행나무로 자라고 있어 신기하다.

대웅전의 고풍스러운 만하루는 정면 5칸, 측면 3칸이고 겹처마 팔작 지붕의 누각이다. 만하루와 단아한 삼층석탑을 관찰하는 눈높이, 국면에 따른 경관 구조와 색조는 다양하고 다채로운 풍경을 만든다. 산악은 가람을 품기에 좋고, 만하루 처마로 위요된 전展경은 속세를 떠난 수도승의 마음을 비우게 하는 듯하다. 은행나무 잎과 가지 사이로 보이는 사찰은 조형물에 조화로운 가경이고, 고찰에 심취하면 정경이 살아난다.

신라와 고려에서 많이 조성되었던 팔각당형의 화강암 부도는 사리나 유골을 묻는 탑의 일종으로 영국사에서 남쪽으로 200m쯤 되는 언덕 위에 있다. 높이 1.76m인 부도는 전체적으로 임금이 옥새를 찍는 형상이며, 단정하고 아담하다. 가람을 위요하는 천태산의 산자락에 위치하여 호국경관을 형성하는 주건물의 위상과 배치에 활용될 수 있는 공간 구성이다. 또한 주목의 배식과 식재는 역사적 전승 공간의 보존 기법의 전형으로 검토될 만하다.

해발 715m의 천태산은 모범적인 호국경관의 배경이고, 산악경관적 자원이 많아 보존의 대상이 된다. 가람에서 펼쳐지는 전展경이 뛰어나며 절 주변의 산악은 가경을 지닌다. 잘 정돈된 가람의 터전, 그리고 주변에 많은 명소의 배치와 위상을 통해 호국경관의 원형을 구명할 필요가 있다. 은행나무의 수형과 수령이 주는 중량감에 호국경관의 원형을 뒷받침하고 있는 정경은 오랫동안 잊히지 않는 천년의 흔적이다.

한천팔경

충북 영동군 황간면 중심에서 서북방으로 12km 지점 원촌리에 우뚝 솟아 있는 월류봉과 주변 절벽의 기암에 세운 정자, 일대의 수림이 절묘한 산수경관을 가리켜 한천팔경이라 한다. 한천팔경의 기록은 〈동국여지승람〉의 문헌상 심묘사의 사내팔경으로 기록되어 있다. 팔경을 구성하고 있는 대상이 자연과 조형물을 아우르고 상상경관을 만든다. 외연적으로는 가파른 산세에 깎아지른 단애와 굴의 전全경과 절경은 시각을 압도한다. 내연적으로는 오경을 갖춘 명승지다. 산악의 전展경과 기암절벽이 명명된 풍경을 형성하며, 암자와 정자가 정경을 낳아 자연과 어우러진다. 주변의 산세를 배경으로 어느 곳에서나, 어느 때나 가경을 이뤄 산수경관과 암수경관이 빼어나다.

한천 제1경인 월류봉은 계곡이 굽이도는 수면에서 절벽이 하늘을 향해 솟아 높고 수려한 절경이다. 가파른 봉우리에 달이 걸려 있는 풍경은 마치 달이 흘러가는 운치를 표현한 상징적인 명명경관을 낳는다. 깎아 세운 듯 똑바로 서 있는 월류봉 밑을 맑은 물이 휘감아 돌며, 기암과 구불구불한 노송의 암송경관이 심미성을 드높인다. 우암 선생도 한천정사를 지어 이곳에서 강학을 했던 전승 공간이다.

한천 제2경인 화헌악은 석천 위에 있는 깎아지른 듯한 봉우리를 말한다. 법존암 왼쪽의 높고 험한 암반에 횡으로 가로질러 수레처럼 평평하고 차상_{수레 위에 짐을 싣는 부분}과 같으며, 꽃과 나무가 무더기로 나 있는 마룻바닥 같아 화헌이라고 명명하였다. 봄철 산수유, 진달래와 산벚은 화사하며 조팝나무와 홍매자는 화려하다. 여름의 녹음은 태양을 받아 풍성하며, 가을의 단풍은 다채롭고, 겨울의 설경은 우아하다.

한천 제3경인 용연대는 서원의 건물_{구터} 앞에 있는 우치_{솔티, 쇳재}에서 하나의 산줄기가 평지에 우뚝 솟아 곧게 달려 용연_{명연대 앞의 깊은 소}으로 나와 돌머리 같은 대_{높고 평평한 건축물}의 형상을 명명한 암반경관을 가졌다.

한천 제4경인 석천 위에 깎아 세운 듯한 산양벽은 암반과 기암, 수림이 엮어 내는 암수경관이 산양을 닮은 벽을 명명한 절벽을 갖는 암봉_{岩峰}을 뜻한다. 계절적 경관 변화가 다양하고 다채로워 가경을 이룬다.

한천 제5경인 청학굴은 화악 제1봉 중간의 한 부분에 움푹

파인 굴이 청학이 사는 고소와 같아 명명된 기암경관을 갖는다. 굴 밖으로 뾰족한 돌이 있고, 물가 쪽으로 벌려진 고개를 따라 굴의 입이 8개인 방으로 7~8명이 들어갈 공간이 있어 청학의 고소로 적합해 보인다.

한천 제6경인 법존암은 월류봉 곁에서 내리뻗은 산줄기가 모두 돌로 되어 있고, 법존불을 둔 암자를 형상화한 기암경관을 갖는다. 고양이 바위라고도 하며, 작은 암자가 있었다고 전해질 뿐 지금은 존재하지 않는다. 일종의 옛 상상경관을 명명한 정경을 갖고 있다.

한천 제7경인 사군봉은 황간면 뒤편 북쪽에 있는 명산이며, 나라의 사신이 된다는 의미로 명명되었다. 산악경관의 전全경을 바탕으로 위요되는 전展경을 갖고 있다.

한천 제8경인 냉천정은 법존암 앞 모래밭에 샘 줄기가 여덟팔자로 급하게 쏟아 붓듯이 가로질러 한더위에도 차고 서늘하다는 의미의 상징경관을 갖고 있다.

산수경관이 조화를 이룬 절경은 달이 맑은 계곡수를 휘돌아 가는 정경의 국면을 상상으로 이끄는 풍치를 가져 누구나 시적 감흥을 갖게 한다.

용암과 강선대

영동에서 서쪽으로 약 13km 떨어진 양산면 송호리 앞을 휘돌아 흐르는 양강이 있다. 강물 속에 우뚝 솟아오른 바위가 용트림을 하는 양 기묘한 형상을 하고 있는데, 이 바위를 강선대라 부른다. 금수강산의 산줄기를 배경으로 굽이도는 양강 강선대는 강물에 어리는 수암경관의 실루엣이 뛰어난 전(全)경을 만든다. 강선대를 마주 보는 강안과 기암이 어울리는 풍경은 강물이 흘러가는 여운과 함께 오랜 전설을 담은 정경이 눈에 선해진다.

영동군 양산면 일대에 금강을 예부터 이곳에서 양강이라 불렀다. 양강과 소백산맥 자락이 어울려 빚어 낸 8가지 절경을 뽑아 양산팔경이라 부른다. 영국사, 봉황대, 비봉산, 강선대, 함벽정, 여의정, 자풍서당, 용암을 말한다. 용암은 양산팔경 중 제8경으로 송호 유원지 앞 양강에 있고, 전설에는 이곳에서 용이 승천했다고 전해진다.

용암과 연관된 전설에 의하면 "하늘에서 신선이 내려와 옥퉁소를 불다가 구름을 타고 승선했다"고 한다.

강선대는 양산팔경의 하나로 1956년 5월 10일 송호 국민 관광지 건너편 양산면 봉곡리 양강 기슭에 지은 시멘트 육각 기와집이다. 강선대의 경관을 외연적으로 보면 산수경관의 관상을 최선으로 시현하는 관조경관의 전全경을 표출한다. 내연적으로는 강가의 전展경이 어리며 전설적 풍경이 선하다. 일찍이 동악 이안눌이 강선대의 아름다움에 취해 시를 남겼다. 이 대는 양산팔경의 제4경으로 수경관의 풍경을 관조하기 좋은 장소다. 신선이 내려와 노닐던 풍경을 명명한 강선대는 지상 낙원의 전형이다.

강선대에 전해지는 전설은 전설경관의 묘미라 할 수 있다.

초여름 선녀 모녀가 신비스러운 땅을 내려다보며 이야기를 나누고 있었다. 그때 딸이 목욕을 하고 오겠다고 청했고, 어머니는 석대가 솟아 있는 곳을 소개했다. 석대에 내려온 선녀는 주위 산천의 아름다움에 취했다. 석대 동쪽은 천마산, 서쪽은 묵험산, 남쪽은 비봉산, 그리고 북쪽은 마니산이 자리하고 있었다. 목욕을 하던 선녀는 강물 속에 있던 용바위가 검은 마음을 품고 다가오는 것을 눈치 채고 기겁해 다시 하늘로 올라가 버렸다.

비봉산과 주변 풍경

　양산팔경 중 제3경인 비봉산은 양산면 가곡리 송호국민 관광지에서 직선 거리로 정상까지 2.4km 거리에 있다. 지형이 낮은 구릉지에 속하는 양산면의 산세로는 비교적 높은 산이다. 이 산은 나지막한 구릉에 우뚝 솟아 있다. 주변으로 금강이 인접해 흐르고, 양산면 대부분을 조망할 수 있는 곳에 위치하고 있다.

　비봉산 정상에 올라서면 금강과 양산면 일대의 전全경이 펼쳐지며 한눈에 조망되는 산야는 신라와 백제의 국경 지대였다. 당시 고층산, 또는 남산으로 불리다가 훗날 봉황이 나는 형국이라 하여 비봉산이라 불렸던 연유로 현재의 산 이름이 되었다. 내연적으로는 배경과 전展경이 능선을 따라 교차하며, 골짜기와 산봉우리들의 풍경은 국면과 상황에 따라 각양각색으로 다가온다.

　비봉산 산세경관의 변화는 빼어나기보다는 노령기적 형상으로 부드러우며 온화하다. 그러나 산 정상의 전全경과 조망되는 전展경은 주변의 배경과 어울리며 다채로운 풍경이 빼어나다. 산이 그리 높지 않고 험하지 않아 휴양과 유연의 활동 공간을 수용할 수 있다.

산행체험경관은 여가와 관상에 일조할 수 있는 모티브가 된다. 비봉산 산꼭대기의 전展경을 담고 하산의 유쾌함을 느끼며 하행길에 송호국민 관광지에 들어서면 송림의 기암 위에 지어진 정자에 다다른다. 양산팔경의 제6경인 여의정이다. 운치 있는 송림과 선인의 풍류가 깃들어 있는 여의정에서 망중한을 즐기는 여유를 가질 만하다.

100년 수령의 빼곡한 소나무 숲 사이로 휘돌아 가는 양강의 풍경에 취하다 보면 어느새 신선이 된 듯하다. 여의정에서의 전展경은 송수松水경관과의 조화가 일품이며 만취당 박응종 선생이 풍류를 즐겼던 정경에 젖게 한다.

양산팔경의 제4경인 봉황대는 수두리의 양강변에 있고, 봉황이 깃들었다는 전설을 간직한 채 유유히 흘러가는 양강을 굽어보는 열락을 준다. 누각은 오래전에 없어졌을지라도 옛날 처사 이정인이 소일하던 모습으로 수변을 거닐면 물 섶의 풍경은 시재로 다가온다.

양산팔경의 제5경인 함벽정은 정유년 봉곡리 산54번지에 건립한 정자다. 송호리에서 강물을 따라 500m쯤 올라가 강 언덕에서 양강을 관상하기 좋은 반석 위에 지어진 2칸의 8작 와

즙으로 대충이 있는 정자다. 세월이 흐르는 강물에 멀고 가까운 산악이 점증적으로 이어져 가는 산수경관의 조화는 다채로운 풍경을 표출한다.

양산팔경의 제7경인 자풍서당의 글 읽는 풍경은 양강면 두평리 561번지에 있는 영동자풍서당에서 비롯된다. 조선 중기의 유학자 동천 이충범이 제자들을 양성했던 서당이다. 처음에는 풍곡당이라고 부르다가 광해군 6년에 한강 정구 선생이 자법정풍資法正風으로 학문을 장려하였다는 뜻으로 자풍당이라 이름을 바꾸었다.

오를수록 달라지고 돌아드는 길을 따라 또 다른 풍경의 변화가 흥미롭다. 숲길을 100m 정도 오르면 산중 평지가 나타나며 과수원 뒤로 고풍스러운 자풍서당이 보인다. 아늑한 산중에 양지바른 터를 만들고 북쪽 숲과 남향으로 서당을 내었다. 정남향 서당의 앞은 평지를 이뤄 볕을 가릴 나무 하나 없이 훤히 트인 전展경을 표출한다. 서당의 초입인 진입 공간만 터져 있고, 배경은 산등성이가 높게 둘러쳐 위요경관을 만든다. 산수와 자타의 조화를 깨닫기 위해 지혜로운 선조들이 책 읽는 풍경을 양산팔경으로 한 까닭을 알 만하다.

삼도봉과 부근산

삼도봉은 영동군 상촌면, 경북 김천시 부항면, 전북 무주군 설천면 등 삼도의 경계에 위치하고 있는 봉우리가 3개인 산이다. 소백산맥의 한 자락으로 초강천의 지류인 물한천의 발원지다. 결국 물한계곡을 품어 한천팔경을 만든다. 외연적으로 사계절의 경관이 변화무쌍하여 절경을 낳는다. 내연적으로는 세 봉우리에서의 전展경이 위엄을 갖췄고, 계곡과 능선은 국면마다 풍경을 이루며, 극적 상황이 이뤄지면 가경을 낳는다. 혹자는 남한의 작은 백두산이라 칭하기도 한다.

삼도봉은 고생대에 바다였던 흔적이 보이며 산봉우리가 삼잎 같이 보여 흥미를 불러일으킨다. 이웃한 석기봉, 민주지산과 함께 오래 전부터 등산 코스로 전국에 널리 알려져 있다.

삼도봉을 기점으로 계곡마다 대지암, 절골 등의 지명이 아직도 남아 있어 그 옛날 암자와 사찰이 있었음을 유추하게 된다. 그러나

"빈대의 극성으로 폐사되었다"는 전설이 있다. 또한 삼도봉 정상에 돌무더기가 세 곳에 쌓여 있다. 충청도, 경상도, 전라도 사람들이 돌이 많이 쌓인 도가 대길하다는 예부터 전해 오던 전설 때문에 "각기 돌을 던져 자기 도의 돌무더기에 많이 쌓이기를 원하였다"는 흔적이라고 한다. 1990년 10월 10일 삼도봉에는 해묵은 지역감정을 없애고 지역주민 간의 민주적 대화합을 기원하는 대화합 기념탑이 제막되었음은 후세에 회상경관을 만들 것이다.

삼도봉은 특히 가을 단풍이 절경을 이루며, 산을 오르면 바닥에 밟히는 고엽과 비목의 둥치는 태고의 산정기를 안고 있다. 잦나무 숲을 지나 정상에 이를수록 곳곳에 굴참나무를 비롯한 고산식물의 나뭇가지가 자라지 못하고 천태만상으로 구부러져 있어 신기함을 자아내는 묘경을 만든다.

석기봉은 민주지산의 주릉 중에서 가장 빼어나며 삼도봉 서쪽 무주군 설천면 미천리와 상촌면 물한리의 도계에 위치한 산이다. 일명 쌀개봉, 식품봉, 석의봉이라고도 한다. 외연적으로 절경을 이루고 내연적으로 산에 바위옷_{바위에 낀 이끼}이 많아 기암경관으로 이뤄지는 전_展경이 일품이다. 북동으로 황악산이 보이고, 동남으로 가야산이 다가온다. 서서남으로 마이산의 뾰족한 두 귀가 선명하여 산악의 전_全경이 펼쳐진다.

상봉의 남쪽 30m 절벽 아래에는 약수가 있어 정상에서의 감로수를 맛볼 수 있다. 석기봉 서쪽 사면의 정상부에서 50m 아래에는 머리가 셋인 마애석불이 있다. 탑처럼 차례로 크기가 작아지며 3층을 이룬 모양이다. 멀리 무주군 설천면 나제통문을 바라보고 있다. 제작 연대는 미상이나 삼국통일과 관계가 있다고 유추된다.

민주지산은 영동군 상촌면과 용화면, 전북 무주군 설천면의 경계에 있는 산이다. 소백산맥을 따라 덕유산 중심의 산지에 속하며 산나물과 산짐승이 많다. 외연적으로 깊은 산세가 산악의 전경에 잡히며 절경을 이룬다. 내연적으로 산림과 산세를 배경으로 심산유곡의 풍경을 품고, 국면에 따라 가경을 낳는다. 선경을 지닌 물한계곡을 끼고 있어 산악의 절경을 이루며 산세는 위엄을 더하고 있다.

대불리에서 석기봉으로 이어지는 계곡과 물한리에서 삼도봉으로 이어지는 계곡은 5km가 넘는 심산유곡으로 선경과 국면에 따라 비경을 이룬다. 탐방객의 번잡함이 없어 아직도 때묻지 않은 자연미가 돋보인다. 삼도봉과 석기봉을 거쳐 정상을 잇는 능선은 가경을 만들며, 봄철 진달래와 철쭉이 화사하고 여름철 단풍은 다채롭다.

백두에서 지리로 이어지는 한반도 골격에 놓인 삼도봉과 석기봉, 민주지산은 국토의 중추로 자연과 생태계에 생명을 불어넣어 주는 영험함을 지니고 있다.

천태산

천태산은 충북 영동군 양산면에 있다. 고려시대 천태종의 본산이었던 관계로 산 이름이 천태가 된 불가의 명산이다. 충북의 설악이라 불릴 정도로 산악경관이 수려하고 산세가 빼어나다. 외연적으로 기암과 수림이 조화를 이뤄 계곡과 산마루마다 절경을 이룬다. 내연적으로 계절과 국면에 따라 다양한 풍경을 지니며, 산 정상과 능선 사이로 펼쳐지는 전展경은 심미성을 지녔다.

봄철에 진달래와 철쭉이 화사하며, 여름철에 여러 가지 수목이 이룬 녹음은 기암과 어울려 암수경관의 기묘함을 이끌고, 가을철 파란 하늘 아래 단풍은 형형색색으로 청홍녹황의 물감을 풀어 놓은 듯하다. 겨울철 설경은 관조되는 곳마다 기암과의 흑백이 농담을 달리하는 수묵화를 그린다.

뛰어난 자연 수림과 기암이 명승적 국면을 이뤄 시각적 열락은 가없다. 천태산 정기를 받은 주변에 이름난 명소가 여기저기 흩어져 있어 경관의 격이 풍부하다. 무엇보다 천년사찰인 영국사가 자리 잡고 천년 역사의 숨결이 산세와 산 기운에 배어 있다. 영국사는 영동에서 양산 쪽으로 약 20km 나가면 양산면 서북쪽 지점에 있는 고려시대의 사찰이다. 고려의 공민왕의 발자취가 가람의 만다라처럼 켜켜이 서려 있다.

서기 1361년 11월은 원나라의 한산동을 두목으로 하여 홍건적의 난이 있었다. 공민왕이 양산이 아니라 이천을 지날 때 이미 홍건적은 개경을 함락했다. 그 수개월 동안 사람과 가축을 살해하고 왕궁을 불 지르는 등 악행이 그칠 새가 없었다고 한다.

피난을 위해 공민왕은 노국 공주와 대신들을 데리고 남으로 길을 재촉하였고, 영동 양산면 지금의 누교리에 머물게 되었다. 영국사의 그 당시 이름은 국청사이었기 때문에 왕이 부처님 앞에 나가 나라가 태평하고 백성들의 평안을 빌려고 했다. 그런데 며칠 간 내린 폭우로 불어난 내를 건너갈 수 없었다. 개경에서 들려오는 소식은 모두 가슴 아픈 일들뿐이었다. 미처 피난을 떠나지 못한 사람들이 홍건적 무리에 짓밟혀 울부짖는 소리는 애끊는 지경이라는 소식이었다.

때마침 개울 건너 천태산 쪽에서 종소리가 울렸다. 공민왕은 깜짝 놀라 좌우를 돌아보며 "이 부근에 절

천태산

이 있는 줄은 알았지만 저렇게 종소리가 아름다운 절인 줄은 몰랐구나!"라고 말했다. 왕비와 왕자, 그리고 대신들은 하나같이 공민왕의 눈치만 살폈다. 대신이 "저 절은 일찍이 신라 때 원각국사께서 세운 절로 처음에는 만월사라 하였다가 문종대왕 당시 대각국사가 주지로 온 뒤 국청사라 이름을 고쳐 오늘에 이르고 있다고 하옵니다"하고 아뢰었다. 공민왕은 눈이 번쩍 띄었다. '대각국사 의천은 문종의 아들로 천태종을 일으킨 분이 아닌가?'라고 생각하며 의천의 발자취가 남아 있는 국청사에 올라 국태민안나라는 태평하고 백성은 편안함을 빌어 보고 싶었다.

　공민왕의 뜻을 알아차린 대신들은 산에 올라 칡덩굴을 걷어 오라 일렀다. 그들은 수행원과 인근 마을 주민들이 걷어 온 칡덩굴을 새끼줄처럼 꼬아 이를테면 구름다리를 만들었던 것이다. 공민왕은 완성된 다리를 밟고 국청사 부처님 앞에 나아가 국가의 안위와 백성의 평강을 빌었다. 공민왕이 다녀간 뒤 국청사는 왕이 나라 안 백성들의 편안함을 빌었다 하여 편안할 영寧자, 나라 국國자를 써서 영국사로 고쳐 부르기 시작하였으며, 공민왕이 칡덩굴로 다리를 만들어 건너간 마을을 누교리라 이름 지어 부르기 시작했다는 것이다.

　이러한 전설경관은 천태산의 정기를 받으며 영국사의 정경으로 이어진다.

옥계폭포

박연폭포라고도 불리는 옥계폭포는 영동군 심천면 옥계리로 진입하여 천모산 골짜기로 들어서서 산길을 따라 약 1km 전방에 위치한다. 충북 영동과 옥천에 걸쳐 산을 이루는 달이산 남쪽 끝에 깎아지른 듯한 절벽에서 쏟아져 내리는 물줄기가 20여m에 이르며 수려한 배경과 조화를 이룬다.

외연적으로 단애를 이룬 절벽에서 오색 물보라를 일으키며 내쏟는 물줄기는 절경을 표출한다. 내연적으로 달이산의 정기를 받아 울창한 산림으로 우거진 배경으로 세찬 폭포수가 일으키는 물소리와 물내음은 가슴이 벅차오르는 정경을 만든다. 정경을 안고 있는 폭포와 단애는 칠흑색 바위와 주변의 다채로운 수목과 어우러진 전展경을 펼친다. 전展경과 정경이 어울려 옥빛 물에 초록의 수림이 찬란하게 일렁대는 소는 가경을 낳는다. 절경으로 가는 길의 풍경도 관상하면서 오솔길을 걷는 매력이 있다.

천모산 계곡을 따라 흐르는 물은 폭포에서 떨어진 옥수가 분명하다. 옥수가 잠시 머무는 산중 저수지의 풍경은 고요와 정태적 형상을 만들며, 맑은 물에 물고기가 유영을 즐긴다. 수변경관의 음미를 뒤로하고 나타나는 오솔길의 상쾌함은 걷지 않고서는 느낄 수 없다.

산수경관이 어우러진 가경에 전설이 없을 수 없다. "이곳에는 청명한 날이면 선녀들이 내려와 목욕을 하며 놀다 옥빛 나래를 펴 구름을 타고 올라간다"는 신선의 청유 전설이 전해져 오고 있다. 신선과 선녀가 옥수를 두고 벌였을 광경이 선하다. "난계가 이곳을 찾아 피리를 불 때면 선녀들이 내려와 춤을 추었다"는 전설 아닌 전설보다는 "난계의 조상인 신선이 옥계폭포에서 선율을 전수했다"라는 전설이 있음직하며 "그 선율을 듣고 하늘에서 내려온 선녀들이 옥계수에서 놀고 갔다"는 전설이 제법 어울리기는 한다.

난계를 명명하는 난계사에서 2km 정도 떨어진 옥계 마을에서 산길을 따라 1km쯤 가면 저수지가 나타나고, 숲이 우거진 산을 약 300m 올라가면 절벽과 함께 높이 20m의 물줄기가 가경을 이룬다.

폭포의 장관에서 시선을 칠흑색 암반과 주변 수림이 위요되는 전展경으로 돌리

옥계폭포

자 웅장한 기암의 푹 파인 요철이 암수경관과 대비되어 압도적인 절경을 만든다. 위요경관의 멋을 지닌 폭포의 전展경은 형국이 다양하고 색조는 다채로우며 국면은 위압적인 강인함에 감탄이 절로 나온다. 예부터 난계 박연 선생을 비롯한 수많은 시인과 묵객들이 모여 옥계폭포의 아름다움을 찬탄하는 글과 그림을 많이 남긴 명승지로 알려져 있다.

영동은 국악의 거성이면서 예문관대제학과 이조판서를 지냈고 3대 왕을 섬긴 선비로 여러 고위 관직을 두루 거치며 한 시대를 풍미했던 인물 난계 박연이 나고 자란 고향이다. 박연이 살아생전 고향에 돌아오면 자주 찾았다는 웅장하고 힘찬 폭포경관의 절경이 옥계폭포다.

옥계폭포를 관상하면서 이어지는 달이산 산행체험경관은 국토 내륙의 전展경을 안겨 준다. 월이산 산행에서 옥계폭포 주변의 협곡을 따라 오르면 월이산 종주로 이어지는 등산 코스가 나온다. 옥계폭포에서 시작하는 월이산 산행체험경관은 영동군 심천면과 옥천군 이원면 일대를 두루 조망할 수 있는 전展경을 가지고 있을 뿐만 아니라, 금강이 영동군 심천면과 옥천군 이원면을 휘도는 절경도 함께 감상할 수 있다. 또 갈기산, 천태산, 민주지산, 백화산 등 영동의 산이 조망되며, 금산의 서대산과 옥천의 대성산이 조망되는 산악경관을 점증적으로 보여준다.

물한계곡

　물한계곡은 충북 영동군 용화면, 상촌면 물한리에 있다. 상촌면 경계에 해발 1,242m의 민주지산은 한반도의 등줄기인 태백산맥에서 분기하여 남서로 뻗어 내린 소백산맥의 추풍령에서 내려섰다가 다시 기개를 일으키면서 형성된 산이다. 충북 영동, 경북 김천, 전북 무주의 3도에 걸쳐 있는 삼도봉과 북으로 석기봉, 민주지산, 각호산으로 해발 1,100~1,200m의 고산들이 즐비하게 위요하며, 20여km의 깊은 골짜기를 만들었다. 도시에서 멀리 떨어져 한적하며 물이 찬 물한계곡이다.

　계곡은 외연적으로 심산유곡의 전全경을 안고 절경을 만든다. 내연적으로는 맑은 물이 굽이치며 휘돌고, 여울지는 국면마다 배경은 풍경을 품고, 풍경의 상황마다 정경과 가경을 만든다. 또한 표출된 가경이 전展경을 품고 배경을 아우른다. 태고의 신비를 그대로 간직한 채

맑은 물이 골을 따라 기암과 오묘한 바위를 만나 여울과 소를 만들고 있다. 물이 차다는 한천이 발원하며 한천 마을의 젖줄로 물한천의 상류에서부터 시작한다. 한여름에도 물한계곡은 물이 차 물 속에 오래 있지 못한다.

민주지산, 삼도봉, 각호산은 계절마다 산악경관의 심미성을 뽐낸다. 계곡에서 정상을 잇는 능선에는 봄철의 진달래와 철쭉, 산수유 등이 화사하고, 여름철의 울창한 초록은 뜨거운 태양을 식힌다. 가을철 단풍의 채색은 기암과 청정한 계곡수가 푸른 하늘과 어울려 다채롭고, 겨울 설경은 기암과 계곡의 바위를 순백으로 뒤덮어 흑백의 농담을 강약으로 다듬고 있다. 어느 계절이든, 국면이든 절경을 이룬다.

물한리 종점에서 삼도봉을 향해 오르다 보면 옥소폭포, 의용골폭포, 음주암폭포 등이 흰 물줄기와 하얀 포말을 일으키며 세찬 물보라와 물소리를 만든다. 계곡에 장엄하게 자리한 장군바위를 비롯한 기암의 형상은 많은 소와 숲이 어우러져 수암수경관을 낳는다. 크고 작은 여울은 가는 물줄기마저도 작은 폭포를 이룬다. 또한 맑은 물은 더욱 시원하고 청정한 공기는 상쾌함을 더한다. 민주지산으로의 산행체험은 절경을 관찰할 수 있으며, 정상에서의 산악의 점증적 전경을 담을 수 있다.

옥천 8경

옥천 용암사 일출

용암사 일출

　용암사는 충북 옥천군 옥천읍 삼청리 산51-4번지에 있다. 고려 시대 조성된 쌍삼층석탑과 마애불이 있는 용암사는 대한불교조계종 제5교구 본사인 법주사의 말사다. 옥천의 정겨움과 고즈넉함을 이어 온 천년고찰의 새벽은 경건함이 젖어 있다.

　국토내륙의 정기를 북돋는 동트기의 서곡을 웅장하게 울리며 떠오르는 용암사의 일출은 산과 구름 사이로 찬란하게 비추며 장관을 표출한다. 일출의 전全경은 천지를 가르는 힘을 담고 있으며, 용암사의 경내 정경이 어려 있는 범종과 탑의 형상은 운치를 더한다. 일출이 함께하는 운해는 외연적으로 절경을 이룬다. 내연적으로는 가람의 요사채와 범종의 실루엣을 동트기 직전에 가르는 과정이 가경을 만든다. 이는 어둠이 짙은 꼭두새벽부터 전국 사진 작가들의 발길을 끌어모은다. 산악을 배경으로 한 운해와 빈틈을 노린 일출의 기묘한 국면과 상황을 담기에 여념이 없다.

　　사진 촬영에 좋은 계절은 낮과 밤의 일교차가 심한 간절기 때인 이른 봄이나 늦은 가을이 적기다. 간절기에도 기후 조건에 따라 안개가 떠서 운해를 만들어내지 못하는 상황과 국면에 따라 다른 일출경관을 표출한다.

　　선조들은 산천비보山川裨補 사상에 의해 산천의 쇠퇴한 기운을 북돋아준다는 의미로 탑이나 사찰을 건립해 왔다. 고려 때 도참설에 따라 건립되었을 쌍삼층석탑에서 바라보는 용암사 풍경은 요사와 주불전이 정경을 만들며 산세를 배경으로 정경 너머 보이는 천불전이 층층을 이뤄 점증적 풍경을 보인다. 내연적 경관이 이루는 조화를 관상할 수 있는 전형으로 용암사 경내의 경건과 고요를 풍경으로 다스린다.

　　대웅전 앞마당에서 하늘을 우러러야 볼 수 있는 곳에 용암사마애불龍岩寺磨崖佛이 있다. 자애로운 연화대좌를 타고 속세로 강림하듯 공중에 둥실 떠 있는 구름 형상으로 미소를 띤 마애불은 볼수록 여백의 미가 돋보인다. 여백을 통제하며 풍부하게 살아나는 공간감의 비중은 절묘하며, 심미학의 고전을 시현하고 있어 감동적이다.

　　신라 진흥왕 13년에 창건한 용암사는 천년사찰의 내력을 안고 있어 정경을 일으

용암사 일출

114

킨다. 당우의 건축연대는 오래되지 않았지만 산세의 배경과 가람의 정경, 어우러지는 산사의 전통 건축미를 한껏 드러낸 전형이 된다.

천여 년 된 쌍삼층석탑과 마애불은 용암사의 상징적 숭배경관의 형상을 나타낸다. 쌍삼층석탑은 화강석을 투박하게 두드렸지만 형태의 윤곽에 적합한 삼층 비례는 세련되며 탑신과 보열, 좌대의 구성은 온화하고 안정적이다.

용암사에 가면 쌍삼층석탑 왼쪽에 등산로가 있어 산행체험경관의 묘를 더한다. 쌍삼층석탑에서 300m의 산행 길은 장령산 정상까지 이어진다. 골짜기에는 맑은 물이 흐르며 소와 여울을 만들며, 바위와 수림이 물과 어울리는 수암수경관이 일품이다. 능선은 상황과 국면에 따라 골짜기의 전展경을 드러내며, 구름이나 햇살이 수림 사이로 내미는 풍경은 신선하다. 옥천읍 전全경이 시원스럽게 조망되고, 산악경관은 가일층 청옥의 농담을 섞어 가며 다가온다. 일출의 기운을 받은 기상으로 어느새 산천이 발아래 펼쳐진다.

부소담악

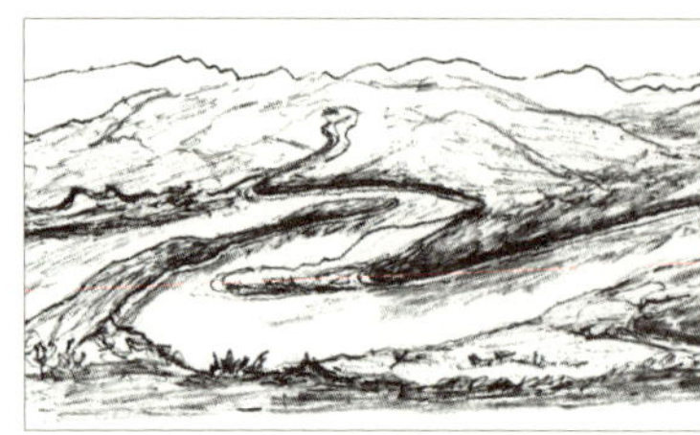

부소담악은 충북 옥천군 군북면 추소리 519-1번지에 있다. 부소무니 마을 앞 물 위에 떠 있는 산이라 하여 부소담악이라 불린다. 외연적으로 하천의 전全경은 하늘을 머금은 실루엣으로 절경과 비경을 만든다. 내연적으로 수림 사이로 산과 하천이 일구는 가경이 일체로 다가오는 전展경을 낳고, 멀리 배경이 갖가지 풍경을 안는다. 환산에서 바라본 부소무니 마을과 그 앞의 부소담악의 전全경을 드리운다.

마을 언저리 북쪽의 산봉우리가 남동쪽으로 호랑이 꼬리 모양의 암벽으로 이루어진 줄기를 뻗어 내리고 있어 하천에 비치는 구름은 절경을 만든다. 기암과 가지런한 바위 결을 싣고 강을 저어 가는 뱃고물처럼 강물에 여운을 남기는 가경을 지어 낸다. 지나친 가경마다 산과 바위 절벽은 정갈하게 다듬어 가는 수직선의 결을 강물에 드리우는 전展경을 낳아 절경의 감흥을 되살린다.

부소담악의 주봉이 절경 너머 환산 아래로 보이며, 산세와 어우러진 파란 하늘과 초록의 수림이 강물에 반사된다. 이는 기묘한 형국을 낳아 풍경이 살아 움직이는 듯하다. 산수경관의 점근적인 변화 크기를 달리하며 다가오고, 국면경관이 극적으로 솟았다 지는 연속적 가경의 감흥을 가져다준다. 게다가 지속적으로 이어 가는 700m 길이의 물 위로 솟은 기암절벽을 따라가노라면 다양한 부소담악의 비경을 관상할 수 있다. 경관학적으로 절벽의 연속체인 코리도를 대하는 시각적 변이는 감흥을 배가시킨다.

부소무니 마을에서 조망되는 부소담악은 강물이 잔잔하여 호수경관이 지닌 수평적 형상과 반추되는 반사 형상의 풍경이 일품이다.

호수 위로 반추되는 풍경은 청명한 날에 뚜렷이 드러나는 인상파의 화풍과 같다. 계절적 색조는 더없이 매료되는 가경을 담는다. 간혹 만월에 부소담악이 물에 어른거리는 풍경은 흐릿하면서도 고요를 담은 낭만적 분위기를 낳아 또 다른 수암수경관의 우아함을 느끼게 한다.

부소담악 700m의 능선을 따라가는 산행체험경관은 포근하나 아찔한 산수를 관상함에 있다. 부

소산은 해발 120m의 최고봉을 시작으로 끝에서 수면으로 급하게 갖
아들다 세를 돋우는 총 길이 1.2km다. 협소한 능선 길 대부분을 벗
어나면 시퍼런 물과 아찔한 낭떠러지가 소름 끼치게 한다.

　부소담악의 능선부에 세운 추소정에 오르면 파노라마처럼 펼쳐
지는 전展경을 낳아 절경의 묘미를 진하게 느낄 수 있다. 강물의 호수
경관을 담아 내는 정경에 호수의 속성이 지닌 고요와 적막이 보는 이
의 마음에 평화와 평강을 선사하는 멋진 풍광이 펼쳐진다. 호수 깊숙
이 들어가 혜량하는 마음의 평화가 유독한 정경이 서린다.

　추소정에 올라 시야를 추소초등학교 뒷산인 문필봉으로 이끌면
나름대로 우뚝선 산세가 우세경관의 전형이 된다. 농경문화를 아끼
고 품앗이를 지켜 온 호반의 의미가 살아나며, 부소무니가 평화로운
풍경으로 자리 잡는다.

청마리

청마리 제신탑은 충북 옥천군 동이면 청마리 872-1번지에 있다. 마한시대부터 유래된 청마리 제신탑은 수문신과 풍수상의 액막이 구실을 해 왔다. 특이하게 이 탑을 중심으로 민속신앙이 이루어져 왔다. 이 탑은 부락의 안위를 지키고, 부락민의 평안을 빌며, 질병과 악귀를 쫓아내고, 풍년을 기원하는 성표다. 매년 탑신제, 집대솟대제, 장승제, 용왕제 순으로 제를 올린다.

청마리 전全경은 아늑한 농촌 마을과 포근하게 감싼 뒷산을 배경으로 소박한 시골의 풍경을 담는다. 외연적으로 농촌경관은 전全경을 펼치며, 내연적으로 시골 인심을 담은 마을길과 팽나무 정자목이 정경을 낳는다.

통상 애니미즘과 토테미즘은 시골에서 유서가 깊을수록 우리에게 친근하다. 신앙의 형태가 선사시대부터 유래된 농촌 토속성을 가져 농촌 후예인 우리에게는 더 가깝게 다가온다. 토속적 흔적이 사라져가는 마당에 청마리 제들은 거의 변형되지 않은 원시신앙의 형태를 지녔다.

청마리 제신탑은 시골 인심으로 면면히 이어 온 탓에 민속신앙의 원형을 이루고 있다. 또한 외부와 마을의 경계에서 마을을 지켜왔다. 토속적인 행사경관은 굿판과 굿거리에서 비롯되며, 위엄이 있는 듯 없는 듯 따뜻하고 정겨운 모습을 한 제주의 제문은 호기심을 불러 일으킨다. 다양하고 다채로운 청홍황백흑의 깃발은 눈길을 너머 경건한 장식으로 여겨진다.

제신탑 형상은 투박하게 보이지만 자세히 들여다보면 층층인 돌무덤은 소원을 담아 하늘로 정성스레 올라가는 원추의 형상으로 경건함을 느끼게 한다. 청마리 제신탑과 더불어 산신과 솟대, 장승은 토속적이며 민속적 자산을 형상화하는 비보물神補物이다. 모두가 땅을 굳건히 딛고 하늘을 향해 솟아 있거나 솟구친 형상이다. 간절한 염원을 담아 하늘에 예를 다하는 마음을 담았다. 비보물은 청마리 마을의 풍년과 동네의 평안을 비는 신앙 성표로서 제신당과 함께 지금까지 전해 내려오고 있다.

예부터 청마리는 옥천읍과 강 건너 마을을 잇는 유일한 소통로였고, 산과 들이 다른 문화를 접하는 곳이었다. 더욱이 아

120

랫쇠대, 윗쇠대, 월고지, 먹절 등의 마을 사람들은 청마리로 가기가 수월하지 않았다. 청마리를 가려면 나룻배가 유일한 교통수단이었다. 외진 만큼 옛 풍습과 관행이 오랫동안 지켜진 마을인 셈이다.

옛날 청마리는 말티, 탑산이, 윗청동, 아랫청동, 더디기가덕, 아랫쇠대하금, 윗쇠대상금, 월고지고당리, 먹절 등 아홉 동네 교통의 요지였고 초등 교육의 일굼터였다. 강 건너 청성면 고당리와 장수리, 상금, 하금 마을의 만사를 알아가며 삶 속에서 형통을 바라는 염원을 담아 정성껏 제를 올릴 수밖에 없었을 것이다.

강이나 내가 흐르는 수변 중 배가 닿기 쉬운 포구에는 오감터와 만남터가 만들어지게 마련이다. 사람들이 길을 내어 오가면서 발을 적시고 배를 띄우니 세월이 흐르면서 만남의 포구는 어느새 무심히 흐르는 강이나 내의 섶이 아니라 삶터가 된 것이다. 향리의 내력을 지니면서 풍습과 얼을 간직한 사람 냄새를 풍기는 상사서로 모양이 비슷함의 장이 된다. 또한 오가며 나누는 정은 청마리 마을에 넉넉한 인심을 낳고, 마을 뒷산의 배경은 마을을 포근하게 담아 내는 정경을 만들어 갔을 것이다.

둔주봉 한반도 지형

둔주봉 산행은 충청북도 옥천군 안남면 연주리 408-3번지에 있는 안남면사무소에서부터 시작한다. 산행체험경관은 반향곡선을 그리는 금강이 휘돌아 가는 전全경을 관상하는 데 백미를 이룬다. 관조되는 전全경은 한반도 지형 지도와 같다. 강원도 영월 선임 마을의 한반도 지형 전全경은 잘 알려져 있지만, 옥천군 안남면 연주리의 한반도 지형 전全경은 알려져 있지 않다. 선임 마을의 지형과 대칭을 이룬 상사형의 전全경이다. 외연적으로 발아래 펼쳐지는 산수경관이 인상적인 전全경을 이루며, 내연적으로 강가의 풍경과 산세를 이룬 산악의 배경이 조화를 이뤄 가경을 낳는다.

안남면사무소 앞에서 도보로 둔주봉 산행을 시작하면 안남초등학교 정문 앞을 지나 마을 어귀에서 탐방로로 접어든다. 오고 가는 사람이 흔치 않은 길이라 시골 마을 길의 정취를 지니고 있다. 둔주봉

산기슭에 자리 잡은 연주리
의 산촌경관이 살갑게 다가오
며 언덕을 이어 고갯마루까지
1.4km의 온화하고 소담스러
운 풍경이 따라온다. 옥천의
정기를 받은 안남의 산골은
순박한 둔주봉 산세를 배경으
로 시골 정취가 물씬 풍긴다.

둔주봉 한반도 지형은 옥천의 숨은 명소로 안남면 연주리 뒷산
을 이루는 둔주봉 정상 가는 능선 길 275m봉 정자에서 전展경을 펼
친다. 소나무 숲을 지나는 짧은 노정이지만 운치가 있는 풍경의 연속
이다. 275m봉 정상부 정자에 오르면 한반도 지형이 펼쳐진다. 상사
경관을 마주하는 순간에는 눈을 의심할 수밖에 없다.

둔주봉 강 건너 남쪽의 336m봉이 연주봉으로 치달으며 잠시
170m봉이 솟구친다. 이후 금강에 접하며 내닫는 지형은 휘돌아 나
가는 금강과 어우러져 바다를 이룬다. 그리고 둔주봉을 향해 길쭉하
게 뻗은 줄기는 백두대간이 되고, 연접 면의 굴곡이 해안선을 이루
며, 한반도 지형을 이룬 상사경관이 눈앞에 펼쳐진다.

장령산

　　장령산은 옥천군 옥천읍과 군서면, 이원면을 잇는 옥천의 명산이다. 천년고찰 용암사를 동쪽 자락 중턱에 품고, 충남 최고봉 서대산과 마주한다. 또한 금천계곡으로 급하게 자락을 내린 서쪽에 휴양림을 안고 있다. 외연적으로 산악경관이 점증적으로 발달한 전全경을 이루며, 기암과 수림으로 조화를 갖는 절경을 만든다. 내연적으로는 풍경을 달리해 능선과 계곡에서 전全경과 배경이 어우러진 가경을 만든다. 이곳의 산행체험경관은 험준한 산악과 정겨운 능선, 포근한 숲길이 만드는 다양함에 있다.

　　정상을 향한 능선 초입은 잡목 숲 오솔길과 거북 바위를 지나며, 연이어 기암괴석에 올라 다양한 절경과 전全경을 볼 수 있다. 남쪽 줄기가 장령산 정상으로 내닿고, 북쪽 마성산 줄기가 뻗어 동쪽 옥천읍 분지가 자리하며, 서쪽 장령산 주변으로 흐르는 군서면의 산

악과 천태산이 조망된다. 장
령정으로 향하면 능선부에
서 거북 바위를 50m 지나
왕관 바위를 만난다. 그리고
옥천의 전全경을 관상하며,
작은 암봉을 지나 옥천 전망
대에 이른다. 암봉에 올라

뒤돌아보면 왕관 바위가 근경이 된다. 울창한 수림은 산정을 은폐하
며, 등산로 수목 사이로 전展경을 표출한다. 장령정에 다다르면 옥천
의 북동부, 동부, 남동부의 전개展開경관이 파노라마처럼 펼쳐진다.

　　장령산은 이원면 남부를 위요하는 대성산과 이어진다. 탁 트
인 정상의 전展경은 없지만 금산 금성산에서 옥천 장계 관광지까지
총 42km에 이르는 장령지맥의 중심에 있다. 또한 금천계곡은 장령
산 휴양림으로부터 군북면의 중심을 관통하며 흐르는 시화천에 이
르기까지 5km를 흐르며 선경을 표출한다. 그리고 국면과 상황에 따
라 가경을 이룬다. 계곡은 자연의 향기를 전하는 품격을 지닌 동시
에 휴양의 낙도를 즐기는 경관의 부격富格이 있다. 금천계곡과 장령
산 휴양림을 품은 장령산은 옥천의 명명경관을 지녀 옥천인의 긍지
와 자존으로 보아도 손색이 없다.

금강 유원지

금강 유원지는 충북 옥천군 동이면 조령리 576번지에 있다. 경부고속도로가 완공되면서 전국적으로 알려진 금강 휴게소 주변에 흐르는 금강의 수변이 드러났다. 외연적으로 산세가 급한 전展경을 안고 금강과 어울려 절경을 이룬다. 내연적으로 수변을 내민 터 사이로 산악과 수림의 배경은 금강의 만곡에 절경을 만든다.

전북 장수 뜬봉샘에서 발원한 금강은 무주와 진안을 거쳐 충남 금산을 지나고, 충북 영동의 북서부 일대를 휘감는다. 들판을 적시던 금강은 옥천군 동이면에 이르러 굽이굽이 휘도는 사행하천을 이루면서 금강 유원지를 만들었다. 하늘에서 보는 금강이 동이면과 청성면을 적시며 흐르는 형상은 사행의 양태다. 산지와 습곡이 발달하여 협곡에 가까운 지형을 만들며 굽이마다 절경을 이루고 있다. 공중에서 관조되는 국토상에서 가장 산자수려한 금수강산의 전展경이 펼쳐진다. 급한 산세는 금강을 거칠게 휘감아 여울목을 운치로 탈바꿈시키며, 강물은 사행으로 곳곳에 모래톱을 쌓아 햇살이 비추면 금빛처럼 찬란한 풍경을 만든다. 쉬어 가는 금강의 고요한 수면에는 보랏빛 산악과 푸른 수림의 반추를 이룬다. 들녘을 감싸는 금강의 여유는 들판의 풍요를 안고 유유히 흘러 세월을 낚고 있다.

한동안 이 고장 사람들은 험하고 세찬 물길에 막혀 가까운 옥천읍을 바로 가지 못하고 인근지역 영동의 심천장을 오가면서 생활해야 했다. 이후 심천역을 드나들며 소통과 나들이가 가능했다. 농사를 지을만한 영토가 없어 경작이 어렵거나 소출이 부족하여 궁핍한 삶을 영위할 수밖에 없었다. 더욱이 전기가 들어오지 않았고, 접근로조차 옹졸하였던 오지 중의 오지였다. 때문에 왕래가 적었다. 이에 더욱 산천은 자연의 흐름대로 원형을 간직할 수밖에 없었다. 오지에 늦됨은 자연의 본향을 지키기에 충분했다. 사람들은 서로를 그리워하며 아끼고 살아가는 법을 터득함이 몸에 배어 있었다.

옥천군 동이면 조령리와 우산리 일대를 적시며 흐르는 금강이 산간벽지 중에 그나마 넉넉한 유역을 만들어 금강 유원지라 하였다. 금강 휴게소가 생긴 이후도 금강의 명명 경관은 이름값을 할 수밖에 없다. 비단의 강이란 옛 이름을 이어 오고 있는 금강 유원지는 봄가을로 채색을 달리하는 산수를 오색으로 수놓고 있다.

산수경관이 절정을 이루며, 맑은 물이 휘돌며 모인 물이 넉넉해 여름에는 피서에 적합하다. 유원지로 이어지는 경부고속도로 금강나들목이 있어서 접근성 또한 좋기에 행락이 잦고 산천의 관상과 휴양을 위해 즐겨 찾고 있다.

금강 휴게소와 인근 마을의 전력 공급을 위한 소수력발전소의 발전기를 돌리기 위해 설치한 라바댐은 나름대로 풍부한 수량을 유지한다. 댐으로 저수된 강물은 호수를 이뤄 넘실대며 호반경관처럼 운치를 갖는다. 산세와 수림이 반사되는 호수 아래 조령리에서 우산리에 이르는 수변은 강물이 여전히 여울져 수평적 실루엣이 강조된다. 수경관이 고요를 이룰 때면 파란 하늘과 푸른 산림의 배경이 강마을의 정경을 이룬다. 가을에는 단풍으로 물든 산과 반사된 강촌의 정취를 흠뻑 느낄 수 있고, 겨울에는 백설의 강산이 순수를 드러낸다.

장계 관광지

장계 관광지는 충북 옥천군 옥천읍 장계리 산7-1번지에 있다. 이곳은 금강이 갖는 여러 갈래의 물길이 만들어 낸 호반에 자리하고 있다. 관광지 내에는 옥천이 지니고 있는 향토자원을 축약하여 향토전시관을 가지고 있다. 옥천의 역사문화와 유물, 민속자료를 보존하여 전시하고, 옥천이 낸 인물을 설명하고 있다. 옥천의 이름을 낳은 지형지세가 금강 유역에 빛을 더한 호반을 가지고 있는 셈이다.

외연적으로 수변의 전全경이 펼쳐지고 새롭게 조성된 관광지는 호반경관의 절경을 낳는다. 내연적으로 점근되는 산세를 배경으로 호숫가의 국면과 상황에 따른 풍경 속에 새로운 전展경을 그린다.

옥천의 자랑은 산자수명한 풍광에서 잉태한 문화의 유산이 지켜지고, 산수가 만들어 낸 풍경을 보고 자랐던 문화 예술인의 흔적이 살아 있음이다. 한국 최초의 모더니즘 시인 정지용의 세계가 펼쳐진

옥천은 수려한 산악과 포근한 들녘이 굽이치는 금강을 품은 삶터를 만들어 오고 있다. 옥천의 이상을 하나의 공간으로 조성한 장계 관광지는 새로운 이상을 향해 발돋움하고 있는 중이다.

시인의 감각적 시 작품과 금강을 주제로 건축가, 조각가, 디자이너, 아티스트, 문학인 등이 참여하여 모두가 꿈꾸는 이상향의 풍경인 '멋진 신세계'를 열었던바 있다. 대중의 삶 속에 파고드는 문화예술 공간이 창출된 셈이다. 옥천의 문화예술을 기본으로 역사와 유물, 정신적 유산을 존중하면서 사람들에게 공유할 지역성을 창출하고자 하는 의미가 깃들어 있다.

대청호의 호반과 산악의 위요를 배경으로 주옥같은 시를 감상할 수 있는 일곱걸음산책로는 관광지에 조성해 놓은 터와 수면에 비치는 실루엣에 심취할 수 있어 격조 높은 산책로임을 자랑한다. 이 길가에는 가로수와 시비, 시를 담은 조각품이 있고, 특이한 소재의 시가 새겨진 조형작품 등이 한가롭게 세워져 있다. 주변 호숫가의 수평적 경관은 주변의 산세가 위요하는 아늑함에 사색경관과 명상경관을 창출하는 명소성을 지녔다.

정지용 생가

정지용 생가는 충북 옥천군 옥천읍 하계리 39번지에 있다. 정지용문학관과 그의 생가가 있는 구읍은 한옥의 정취를 물씬 풍기는 전통 가옥을 가진 소도읍이다. 옥천이 사람들의 본향처럼 느끼는 정겨운 시골의 장터며, 마당이 있는 한옥이 이룬 골목길이 살아 있다.

정지용 생가는 본래 모습은 아니나 삶터를 안은 자리에 복원한 한옥과 초가집이다. 외연적으로 시골 마을의 고향집 전경을 담고, 내연적으로는 시골 사람들의 삶을 재현한 정경이 다가온다. 해금조치 직후 조직된 지용회가 중심이 되어 시인의 이상향을 그리워하며 정든 고향집 모습으로 복원했다.

지용회는 해금조치가 있은 후 어느 날 그의 생가를 허물고 지은 집의 벽에 옛 자취만이라도 알리고자 하는 뜻으로 '지용유적 제1호'임을 알리는 청동제 표지판을 붙였다. 여러 의미를 담은 표지판은 생가복원

이후 생가 부엌 외벽의 한 자리를 지키고 있어 세월이 유수같이 빨리 흘러감을 일러준다. 이곳을 찾는 이에게 시인의 부친이 한약방을 하였음을 알리는 집기가 전시되고 있다. 또한 생가의 툇마루는 찾는 이에게 자리를 내주어 시인의 채취를 느끼게 한다. 혹은 빈자리에 걸터앉아 시인의 노래하던 "질화로에 … 얼룩빼기 송아지가 … 해설피금"의 향수를 돌이킬 수 있는 여유로움을 갖게 한다.

1996년 문을 연 정지용문학관은 시인의 문학과 이상향을 그리워하며 보고, 느끼고, 듣고, 알아갈 수 있도록 하는 여유로움이 서려 있어 새로운 세계를 꿈꾸게 한다. 문학관을 들어서면 전시실로 들어가는 진입 공간 가운데 밀랍인형으로 만들어진 시인의 형상이 사람들을 즐겨 맞이한다. 공간 벤치에 앉아 있는 정지용과 여석의 자리는 함께하는 의미를 갖게 하는 포토 존이다. 시인이 살았던 시대는 갔지만 시인의 세계를 알아가는 미쁨이 있다. 세월이 흘러 세계적 문학 명소로 자리매김할 날을 기대한다.

음성 8경

음성 수정산성과 수정산 녹음

오갑산

　오갑산은 경기도 여주군과 충청북도 음성군, 충주시의 경계를 이루고 있는 명산이다. 삼국시대 때는 오압산이라 불렀고 오압사라는 거대한 사찰이 있었던 곳으로 전해지나 그 흔적을 발견할 수는 없다. 이곳은 고구려와 신라가 한수지역을 장악하기 위한 전쟁터였다. 예부터 기름진 한강 유역의 교두보를 확보하기 위해 잦은 싸움을 치러 정상에 진을 치고 군대를 주둔시키면서부터 오갑산이라 부르게 되었다. 정상에 올라서면 여주의 넓은 평야를 볼 수 있고, 남쪽으로 보면 원통산과 수레의산을 볼 수 있다. 외연적으로 평야를 굽어보면 아스라이 펼쳐지는 한수역의 전全경이 한가롭다. 내연적으로는 산세를 배경으로 산정과 골짜기의 풍경이 소담스럽고 산등성이를 따라 농촌과 들녘의 전展경이 다가온다.

　임진왜란 때는 중국 명의 이여송이 왜군과 싸우기 위해 진을 쳤으나 전투를 벌인 적은 없었다. 그때부터 정상을 이진봉이라 하고, 이진봉 북방 8부 능선의 갈대밭은 진터라고 부르게 되었다. 삼태봉에는 봉화터가 있는데 날이 좋으면 사방 100리 길이 아득히 내다보여 농촌경관의 전형으로 살 겹다.

산기슭 마을에 전설이 전해 내려온다. "병자호란 당시 감곡면 왕장리 왕대 마을에 한씨 성을 가진 젊은 부부가 살았다. 젊은 부부는 효성이 지극하고 측은지심이 강해 어려운 사람들을 돌봐주었다. 한씨 부인은 마음씨뿐만 아니라 용모도 뛰어난 미인이었다. 그런데 어느 날 오랑캐들이 이곳 마을에 침입한다는 소식을 들은 노모는 며느리에게 먼저 피하라고 하였다. 하지만 한씨 부인은 노모를 두고 피신할 수 없다며 거절하고 끝까지 노모를 모셨다. 이후 병자호란이 일어나 피신을 가던 한씨 부인은 오갑고개에서 오랑캐의 대장 파오차에게 붙잡혀 몸을 버릴 찰나에 다다랐다. 그때 파초선을 든 낯선 처녀가 나타나 몸에서 강렬한 빛을 비추었다. 그 빛에 파오차의 칼이 자신의 목을 찌르게 되었고 한씨 부인은 무사히 피신할 수 있었다고 한다. 이후 그곳을 오갑고개라 불렀다"고 전한다. 하늘도 한씨 부인의 효심에 감동하여 효부를 해하려 하는 청장의 비행을 곧바로 징계하고 있다. 한씨 부인의 효행과 오랑캐에 대한 적개심이 나타나 있어 상상경관이 눈에 선하다.

오갑산의 산행경관은 부드러운 오르막으로 이어지지만 가파르게 오르는 오르내림이 약하게 찾아들어 발아래의 전展경도 온화하면서 목가적인 농촌경관을 다사롭게 시현하는 특징을 지녔다. 산세와 능선의 주관찰면을 보려면 뇌곡리 마을에서 시작하거나 원부리에 있는 원부 저수지 쪽으로 나 있는 등산로로 이어진 길을 택할 때 가능하다. 뇌곡리 계곡은 아기자기한 농촌의 산수경관을 열어 준다. 뇌곡리 끝부분의 외딴집에서 남쪽 고개를 너머 마당재에 올라서면 군데군데 억새밭이 있어 운치를 더한다. 농촌과 들녘이 간간이 바라보이는 능선길을 따라 정상에 오르는 산행경관은 소박한 산세의 정겨운 풍경이다.

모점리 저수지 아래에 있는 저전리 마을에서 완장리를 거쳐 완장고개로 올라가서 585m봉을 지나 정상에 오르는 산행경관은 변화되는 시각적 국면에 능선에서의 전展경이 한적하고 온화한 들녘으로 이어진다. 정상에서는 청미천과 원부 저수지, 남한강과 국망산, 질마루고개와 보련산 등이 관조되며, 신라와 고구려가 대치했던 국면이 상상경관으로 눈에 어린다. 산 능선의 수림이 정상 주변에 억새의 흔들림과 어울려 포근한 산악경관에 율동미를 더한다.

산행체험경관은 정상에 오른 후 같은 길이라도 하산길로 이어지는 시각적 변화가 다르다. 혹은 다른 길이라도 하산은 정상에서 내려가는 순리가 있다는 데 의미를 두면 농촌의 산악경관 관상에 감회가 새로워진다.

설성공원

설성공원은 음성군 음성읍 읍내리 음성읍주민자치센터 건너편
에 있다. 면적은 27,669m²다. 음성읍 시내 중심부에 위치하여 접근
성이 좋고 경관이 수려하며, 각종 편의시설을 갖추고 있다. 예전의 공
설운동장을 근린공원으로 바꿔 장소성에 지역 문화성을 부각시킴으로
써 주민이 읍내에서 휴식과 공원 문화를 향유할 수 있다. 공원의 전全
경을 접근도로의 진입 공간에서 볼 수 있고, 공원 내의 점증적인 경관
요소들은 독립적으로 국면을 형성하며 제 나름의 풍경을 지니고 있다.

공원으로 들어가면 넓은 연못과 그곳에 있는 섬 안의 정자인 경
호정과 오층모전석탑, 고려시대 삼층석탑이 있어 지역 문화경관을
볼 수 있다. 독립기념비와 이무영문학비, 음성군유래비 등을 관상할
수 있고, 지역의 문화성에 감흥을 느낄 수 있다. 야외음악당, 게이트
볼장, 수영장, 산책로 등 주민의 공원 이용시설로 공원 활성화에 기

여하는 참여경관이 만들어지고 있다.

경호정은 약 1,500평의 연못 가운데 있는 약 200평 규모의 섬신선도 안에 위치한 정자다. 전통정원에서 섬과 못을 두어 유토피아의 상상경관의 차경 요소로 둔다. 삼도三島를 형상화한 세 섬에 전설적으로 신선이 산다는 삼신산三神山: 봉래蓬萊, 방장方丈, 영주瀛州을 둔다. 1934년에 건립한 연풍정으로 불리다 그 후 경호정으로 고쳐 부르고 있다.

고려시대 축조된 오층모전석탑은 향토민속자료전시관 옆에 있어 향토애와 음성의 역사 문화재를 돌이켜 보게 하는 귀한 경관 자원이다. 경호정 앞 삼층석탑은 고려시대에 만든 전형적인 탑이다. 정자 부근에 독립기념비가 있고, 옆에는 물레방아가 있어 농촌 풍경을 묘사하고 있다.

농민문학가 이무영 선생을 기리기 위해 1990년 이전에 건립한 이무영문학비가 농촌 문화를 회상하는 행사경관을 연출한다. 매년 4월 20일 무영제추모제, 백일장, 무영문학상 시상식를 거행하고 있어 근대문학의 흐름을 배울 수 있는 모티브가 된다. 또한 음성JC 30주년기념사업으로 음성군지원을 받아 2002년 건립한 음성군유래비가 자리한 곳은 공원의 전展경을 관상할 수 있다.

2003년 준공된 132평의 야외음악당은 전국품바축제 장소로 활용되어 소도시의 행사경관

을 연출하고 있다. 사람들이 모이기 쉽도록 잔디광장으로 조성해 간헐적인 군집경관을 만들고 있으며, 주변에 족구장, 우레탄 인라인 스케이트장, 게이트볼장, 수영장을 만들어 도시공원의 기능을 갖추고 있다.

도시공원이 지녀야 할 기능은 기본적으로는 도시민의 휴식과 휴양, 그리고 다양한 주민 활동을 위한 근린성을 확보함이다. 그와 함께 지역이 갖는 장소성과 문화역사성, 자연의 생태성, 지구환경의 보존성 등을 추구하는 함의가 있어야 한다. 공원경관은 인간의 본성에 내재하고 자연 회귀로의 귀소성을 살려주는 원림의 풍경을 갖춰야 한다. 또한 장소적 정체성을 살린 지성적地性的 배경에 역사문화적 전승 공간의 형상과 형태가 잦아들어 주민이 공감할 수 있는 정경을 분유하도록 만들어야 한다. 게다가 지구환경에 위해를 주는 제반 활동의 결과를 순화할 수 있는 모티브의 설계와 성에너지의 관점에서 자원절약 내지는 친지구환경적 천연자원을 소모하는 형태의 에너지 사용 시설을 만들어야 한다.

설성공원이 소도시의 현대적 근린공원의 징표로 남기 위해 주민의 애향심을 바탕으로 한 도시공원의 열린 공간을 온 오프 라인 속에 구축하여, 서로서로 매력 있는 공원 운영과 공원에서 펼쳐지는 프로그램을 창조해 나갈 때 정겹고 찾고 싶은 공원으로 재생될 것이다.

원통산

원통산은 감곡면 사곡리, 연산리, 월정리와 충주시 노은면 대덕리, 앙성면 지정리에 걸쳐 있는 비교적 가파른 산세를 가졌다. 승대산과 이웃하여 있으며, 산줄기가 동쪽으로 질마루재와 둔터고개를 지나 국망산에 이르고, 남쪽으로 행덕산과 수리산으로 이어져 부용산에 이르며, 북쪽으로 오갑산이 있다. 산세가 험준하며 갖가지 기암괴석과 울창한 숲이 가득한데, 숲은 활엽수가 주종을 이뤄 조화로운 암수경관이 활기찬 형국을 만든다.

원통산의 유래는 인접한 보현산, 가섭산, 두타산 등처럼 관세음보살인 원통圓通이란 뜻에서 영향을 받은 것으로 추정된다. 산속 구절터에 있었다가 일제강점기에 옮긴 절인 관음사는 관세음보살을 모시는 원통전과 같은 곳이다. 원통은 〈신증동국여지승람〉에 나오는 미륵천과 연관된 것으로 추정된다. 국어사전에서 원통은 불교에서 해석하기를 "지혜로써 진여眞如의 이치를 깨달음. 또는 그 이치. 그 본질이 원만하여 널리 모든 존재에 두루 통하고 그 작용은 자재自在하여 거리낌이 없이 모든 존재에 작용한다"라고 하였다. 그러나 원통산은 圓通山원통산, 遠通山원통산, 怨慟山원통산 등으로 전해지고 있지만 현재로는 怨慟山원통산으로 표기되고 있다. 억울하여 울다는 뜻의 怨慟원통보다는 분하고 억울하다는 뜻을 지닌 冤痛원통으로 표기하지만 이는 지명 유래를 채록하는 과정의 오류로 추정된다. 명명이 잘못 전해지는 것은 주민의 의식 속에 빠르게 인식되는 의미를 떠올려 발생한다고 가정하면 이 또한 오류일까? 그러나 제 이름을 찾아 주는 것이 원통산의 명명경관을 유추해 볼 때 圓通山원통산으로 수정해야 할 풍경과 정경을 가졌다.

외연적으로는 중부의 산악이 켜켜이 다가오는 점증적 산과 수림의 전森경이 펼쳐진다. 내연적으로는 산림과 산악의 스카이라인이 배경을 이루고, 능선마다 국면에 따라 전展경이 열린다. 산기슭과 산자락에는 촌락이 여기저기 흩어져 있어 농촌경관의 정경이 그려진다. 아늑하고 포근한 지형과 힘찬 산세를 바탕으로 삶터를 잡고 있고, 수레의산에서 뻗어 내리는 줄기가 웅장하고 기하다. 또한 암석으로 가득 차 있고 수목이 울창하다. 그 아래로 촌락이 있어 우박이나 서리의 피해가 없는 안주공간이 펼쳐진 셈이다. 감곡면 영산리에 중요민속자료 제141호로 지정된 음성 김주태 가옥이 있어 원통산에서의 관조경관에 묘를 더한다.

산행경관은 국면과 시의에 따라 달라진다. 일견해 보이는 외견상 부드러운 듯한 산의 형상이 정상에 이를수록 가파르고 험해 시각적 위요가 심한 산림요소가 강한 특성을 지녔다. 보편적인 산행은 승대산과 연계한 코스가 많으며, 기점으로 삼을 만한 곳이 여러 군데 있다.

승대산과 원통산의 정상을 지나 톱실로 내려오는 데 5시간이 걸리고, 줄기찬 산세의 변화가 발아래로 전술경은 다양하며, 때로는 위태롭기도 하다. 쉽게 찾아가려면 장호원에서 시내버스를 타고 가다가 춘당리 골프장 입구에서 내리거나 사곡리 쪽으로 가는 21번 군도를 따라 오른쪽으로 4km 가면 된다. 가까이에 국내 유일의 탄산온천수인 능암온천이 있어 산행 후 피로를 풀 수 있어 여가경관을 체험하는 즐거움이 된다.

원통산은 그 이름을 제대로 불러주는 계기를 바로 찾지 못하는 상황이 더 억울하여 올 빌미를 주고 있는 것인지도 모른다. 유래의 흔적을 실증으로 찾지 못하는 것은 어쩌면 오류를 찾아가는 과정이 모두 깨달음임을 알려주는 정황일 수도 있다. 진여로서 이치를 깨우침을 만들어 보는 세상을 기대하는 하늘의 속셈이 숙명적으로 존재했는지도 모를 일이다.

가섭산

　가섭산은 충청북도 음성군의 음성읍 동쪽 끝에 위치해 군에서 처음으로 해를 맞는 산이다. 음성군과 충주시 신나면의 경계를 이루며 북면과 남동을 축으로 좌우로 넓게 발달한 산세를 보인다. 서쪽으로는 음성읍 용산리와 용산 저수지를 거쳐 숯고개에 이르러 부용산과 맞닿아 있고, 동쪽으로는 충주시 신나면 송암리의 저수지와 들녘을 포함하여 용원리, 마수리, 화안리의 농경지역에 이르면서 완만한 구릉을 형성하고 있다.

　가섭산의 경관은 외연적으로 음성의 동쪽에 산정기를 담은 전(全)경을 세차게 일으키고 있다. 내연적으로는 산악을 배경으로 골짜기와 능선의 국면과 상황에 따라 여러 가지 풍경을 만들며, 산기슭에 자리한 마을과 나지막한 구릉이 들판과 내를 향해 퍼져 있는 모습은 고향의 포근한 정경을 낳는다.

　　가섭산에 대한 기록은 〈세종실록지리지〉에서 처음 확인되고 있다. "봉화가 1곳이니, 가섭산이다. 남쪽으로 충주 임내 익안翼安의 마산馬山에, 북쪽으로 충주 망이성望伊城에 응한다"라고 적혀 있다. 〈신증동국여지승람〉에 가섭산은 "현 북쪽 8리에 있고 진산鎭山이다. 보은 속리산으로부터 뻗어 온 산줄기이다"라고 기록되어 있다. 가섭은 두타행을 가장 잘 수행한 보살이다. 석가모니의 10대 제자 가운데 가섭존자로 알려져 한자로 迦葉가엽이라고 표기한다. 현재 이용되는 지도에 가엽산이라고 기록된 경우는 잘못된 표기에서 온 것으로 보인다.

　　〈신증동국여지승람〉에 사찰 서가섭사 기록에 따르면 지금의 가섭사가 있는 자리가 바로 서가섭사가 있었던 곳으로 추정된다. 〈두산백과사전〉에 보면 "가섭사는 1365년에서 1376년 사이에 나옹화상 혜근이 창건하였다"고 한다. 여러 가지 정황으로 보면 가섭산은 원래 이름이 따로 있었다가 가섭사가 창건된 이후 절 이름을 따서 가섭산이라 하였던 것이라고 추측해 본다. 혹은 무명이었다가 가섭사가 창건되면서 비로소 이름을 갖게 되었을 수도 있다. 어떠하던 간에 가섭이라는 이름에 맞는 산세로 보아 역사적 명명경관이 이뤄졌음은 분명하다.

　　〈해동지도〉에는 고을의 북서쪽에 迦業山가업산이 표시되어 있다. 가업산 봉대도 함께 표시되어 있는 점으로 보면 불가의 업과 연관이 있어 보인다. 〈1872년 지방지도〉에는 고을의 북쪽 가섭산과 가섭사가 같이 표시되어 있어 명명경관도 업보의 흔적일 수 있다고 추측해 본다. 명명경관에 따르지 않더라도 지도상의 해석에 의존해 보면 가섭산은 "관으로부터 15리 거리에 있다. 봉학산에 이어진다"고 기록되어 있

다. "가섭산의 서쪽에 위치한 봉학산은 보현산, 마곡산, 오두산, 증산, 백마산 등이 고을을 S자 모양으로" 위요하여 둘러싸고 이어지면서 음성 고을 "남서쪽의 청안계에 닿는다." 〈조선지지자료〉에는 "음성면 사정리沙丁里에 가섭산이 있다"고 기록되어 있다. 〈조선지형도〉에는 일본어 가타카나로 "カ ヨ プ サ ン 가엽산"이 적혀 있다. 이로써 가업산을 가엽산으로 오기된 것의 시작이 아닌가 한다. 이름을 잘못 부르는 관행이 저지른 과오가 지명에까지 옮겨졌음은 통탄할 조선왕조 몰락의 파급이 아닐까!

가섭산은 넓은 들판과 구릉을 안고 점점이 흩어지는 집과 목가적인 정경을 낳아 농촌 마을의 산재경관을 감싸는 배경이 되고 있다. 정겨운 마을을 뒤로 넓게 발달한 산세를 보이고, 여기저기 흩어져 있는 저수지와 물 덤벙은 들녘을 가르는 물길로 이어져 야수野水 경관의 전형을 그리고 있다. 산 정상의 봉화대는 충주 마산의 봉수, 북으로 삼성면 마이산 봉수와 통하였으나 무선통신시설들이 봉화대를 대신하고 있어 시대변화를 느낄 수 있다.

146

문수산

　　문수산은 충청북도 음성군 음성읍 용산리 큰골과 소여리 수릿내에 걸쳐 있는 산이다. 동쪽에는 용산천이 남으로 흐르며 용산리의 새터, 건지봉, 외딴말, 기리내 등의 마을을 안고 있다. 서쪽에는 소여천이 서남으로 흘러 음성천과 초평천의 분수령을 이루고 있고, 기름고개일명 유치티 등의 고개가 버티고 있다. 남쪽에는 용산리의 큰골, 생곡 등의 마을이 있고, 북쪽에는 사정이고개일명 사정티가 지키고 있다.

　　예부터 "문수산의 아침노을文秀朝霞, 문수조하은 음성팔경의 2경에 속하는 아름다운 산이다. 음성읍 평곡리 터골의 기곡십영基谷十詠의 4영詠으로서 문수산의 저녁노을文秀夕照, 문수석조을 들고 있다"라고 묘사한다.

　　문수산의 경관은 외연적으로 마을을 둘러싸고 있는 빼어난 산세가 전全경을 이루며, 산의 수림과 들녘의 정경이 한데 어울려 절경을 이룬다. 내연적으로는 우아한 산세를 배경으로 울 쌓은 산기슭과 내

의 조화가 계절과 기후에 따라 가경을 이루고, 골짜기 사이로 올라오는 안개와 노을은 시골의 정취를 담으며 정경을 낳는다.

문수산은 일명 문수봉, 혹은 섭족산이라고도 불린다. 문수산 아래의 소여리 성가마골일명 선가마골 또는 선가동은 전설을 가진 마을이다. "옛날 신선이 하강하여 야인과 인연을 맺고 살다가 승천하고 빈 가마만 남아 주변 사람들이 신선의 가마를 구경하려고 왔다가 이곳에 머물러 살았다"고 전해진다.

음성에 들어서면 보이는 문수산과 마당산이 있는 소여리 수릿내일명 주천는 음성읍 중앙부에 있다. 본래 음성군 근서면 지역으로 소렷골, 또는 솔례동이라 불렀다. 1914년 행정구역이 개편되면서 산양테, 수릿내酒川, 내동, 대촌, 선가동, 족지골을 병합해 소여리라 명명하고 음성면에 편입했다. 자연 마을로는 수릿내, 족지골, 성가마골 안골, 산양재, 새터, 큰말, 기름테, 도람말골 등이 있어 시골의 정취가 살아난다.

수릿내는 산양재 동북쪽에 있는 마을이다. 옛날 이곳에 살던 부자

148

가 손님 접대를 하느라 매일 술을 걸러 냇물에서 항상 술냄새가 났다고 하여 붙여진 이름이다. 족지골일명 족지곡은 산양재 동남쪽에 위치한 마을로 마을 지형을 음성읍 교동의 옥녀봉에 비유해 옥녀의 족집게와 닮았다하여 명명하게 되었다. 읍내의 자연 마을을 안고 지금까지 시골의 정취를 가지는 음성의 삶터에는 문수산의 정기가 서려 있다.

문수산 기슭의 마을에 대한 명명은 흥미를 일으키는 경관자원이다. 동쪽 용산리의 새터, 건지봉, 외딴말, 기리내 등 마을의 이름은 시골 사람의 소박함을 담은 명명경관을 지님을 시현하고 있다. 남쪽 용산리의 큰골, 생곡 등의 마을 이름은 골짜기의 후덕함을 담은 명명경관을 표출하고, 서남쪽 소여리의 자연 마을의 이름은 농촌경관의 총화를 일컬음에 있다. 게다가 문수산과 궤를 함께하는 접근로는 소통경관을 상징하는 가로경관을 낳는다. 용산리 방향에 지방도가 용산리를 거의 남북으로 놓고 있어 오상에서 예지禮知를 이룬다. 또한 서쪽의 기름고개를 넘는 국도 37호선이 음성읍과 금왕읍을 연결하고 있음은 오상에서 신의信義를 이룸이다. 그리고 북쪽의 사정이고개에도 도로가 개설되어 있어 음성읍의 용산리와 사정리를 연결하고 있음은 오상에서 신지信知를 이룸이다. 문수산의 정기가 사통팔달로 이어짐은 생기가 넘치는 고을로 이끄는 힘이 있기 때문이다.

문수산의 가경이 빼어나 생활 속에서 슬기를 지닌 양태로 받아들이는 음성인의 마음에 고향을 가꿔 가는 정경이 새록새록 자라나듯 오상이 있음에 자부심을 가져도 될 만하다.

응천평야

응천평야는 충청북도 음성군 감곡면 원당리의 청미천 유역 일대에 있는 넓고 평평한 들판을 말한다. 응천평야는 소속리산 동사면의 음성군 금왕읍 백야리에서 발원한 응천이 만들었다. 응천이 북쪽으로 흘러가면서 음성군 금왕읍의 무극리와 생극면의 병암리, 신양리 등을 적시고 청미천과 합류되어 감곡면 원당리에 이르는 길이 18km의 응천하곡을 이룬다. 이곳에 발달해 있는 평야를 응천평야라고 부른다. 음성의 소여리의 수릿내, 혹은 일명 수리내라고도 하는 데서 비롯되었다. 수리내는 한자로 표기하면 응천鷹川이 된다. 음성5경 문수산에서 시골 마을의 여유로움과 넉넉함을 함께하는 응천의 명명경관을 시현하고 있다.

응천을 낳은 소속리산 서쪽으로는 음성군 금왕읍 유촌리와 북쪽의 무극리를 연결하는 군도 21번 도로가 있다. 동쪽은 높은 산지를 이루고 있으나 서쪽은 구릉성 산지를 이룬다. 무극리에서 북쪽의 음성군 감곡면 원당리 간의 응천은 소속리산, 금왕읍의 칠성산, 생극면의 용바위산, 이진봉 등으로 이어지며 기묘한 평야경관을 만든다.

서쪽은 금왕읍과 생극면 경계의 우등산, 생극면의 장자봉, 생극면과 경기도 안성시 율면과의 경계인 팔성산과 임오산, 안성시 율면 총곡리의 두루미산 등으로 이어지면서 응천의 배경을 만든다. 응천은 남한강 수계에 속해 북사면의 평야를 만든다. 향에 따라 태양의 일조와 반사각이 달라져 평야경관이 지닌 광활한 지평성이 강조되면서 시각적으로 신비한 풍경을 낳는다.

응천은 금왕읍 무극리 육령천, 각회리 예순터천, 생극면 병암리 무수천, 신양리 곤재천 등이 합류하여 감곡면 원당리 부근에서 청미천에 합류하는 하천으로 남한강이 된다. 남한강 수계이지만 미호천 개발 계획에 포함되어 금강수계의 유역으로 변경하는 물줄기다. 무넘이 즉 물넘이를 행한 응천의 상류에는 금왕읍의 용계 저수지_{일명 백야 저수지}, 무극 저수지_{일명 사정 저수지}, 금석 저수지_{일명 육령 저수지} 등 소위 삼

형제 저수지를 축조했다. 정립된 저수지로 이뤄지는 호수와 평야의 조화는 평야경관의 일품을 만든다. 삼형제 저수지의 물은 도수터널로 연결되어 있다. 응천의 물은 용수로를 이용하여 미호천 상류로 유입시켜 진천평야에 관개용수를 공급하고 있다. 산을 너머 물을 건네주는 넉넉함을 지닌 셈이다.

　　응천 유역의 금왕읍 무극리, 생극면의 도신리, 팔성리, 방축리 등에 형성된 좁은 하곡평야는 길게 발달되어 있어 독특한 세 장의 만곡적 평야경관을 만든다. 이외에도 응천과 청미천이 합류하는 감곡면 원당리와 단천리에서는 비교적 넓은 하곡평야가 발달되어 있어 산악의 배경으로 위요되면서 경지 정리가 이뤄진 비교적 광활한 평야경관을 이룬다. 응천 유역의 평야에서 멀리 간격을 두고 자리한 저수지와 수로는 들판을 가르며 평야경관의 정경을 이룬다.

　　음성군 금왕읍에서 북쪽으로 생극면 원당리에 이르기까지 응천하곡을 따라 응천의 동쪽에는 국도 38호선이 연결되어 오상에서 인지仁知가 있으며, 생극면 차평리 양재 부근에서는 국도 3호선이 교차하여 인신仁信이 있다. 응천은 오상을 지녔다.

수정산

수정산은 충청북도 음성군의 음성읍 읍내리에 있다. 음성을 조망하기에 편한 수정산은 예부터 충청도와 경기도를 가르는 지표로 인식되어 왔다. 경관상 외연적으로 평야와 구릉을 관조하는 수정산의 전全경은 주변 지표로 부각되고 있다. 내연적으로는 산세를 배경으로 능선과 골짜기에서 국면과 상황에 따라 전展경을 펼친다. 농촌과 들녘이 이루는 전개경관은 시골의 풍경을 만든다.

수정산에 대한 기록은 역사적으로 〈신증동국여지승람〉과 〈여지도서〉에서 비롯된다. 음성이 남한강의 수원이라는 점에서 수정산이 함의하고 있는 물의 정기가 살아 있음을 표한다. 두 서책 모두가 "현 동쪽 3리에 있다"고 기록하고 있다. 이후 발행된 〈호서지도〉에는 한자로 水精山수정산으로 표기되어 있으나 〈1872년 지방지도〉에는 한자 표기가 水晶山수정산으로 표시되어 있다. 그런데 〈광여도〉와 〈해동지도〉 등의 지도에는 수정산 표기가 빠져 있어 혼돈이 일 수 있다. 대신 〈호서지도〉와 〈1872년 지방지도〉의 수정산 표기 기점에 뇌성산, 혹은 설성산이 표기되어 있다.

후자의 지도들에 표기된 설성산은 옛 음죽현지금의 경기도 이천시 설성면의 진산인 설성산을 표기한 것이 아닐까 하고 보는 견해도 있다. 그러나 음죽현의 설성산 위치를 고려해 볼 때 〈호서지도〉 등에 표기된 설성산과는 관련이 없지 않은가 싶다. 오히려 설성은 음성의 옛 명칭 가운데 하나였다는 점을 감안해 볼 때, 지금의 수정산을 예전에 설성산으로 표기한 것으로 추정된다. 또 뇌성산이라는 표기는 설성산을 잘못 표기한 것이 아닌가 싶다.

이와 함께 충청과 연관된 〈여지도서〉는 수정산 정상 부근에 옛 석성과 읍터가 남아 있다고 기록하고 있다. 성이 만들어진 정확한 시기는 문헌에서 확인되지 않지만 지금도 성터의 흔적이 남아 있다. 수정산 정상에는 옛날 장수들이 가지고 놀았다 하여 장수바위라고 부르는 직경 2m가량의 큰 바위가 있다. 〈여지도서〉에 밀암이란 바위 명칭이 수록되어 있고 "수정산 아래에 있다"고 설명되어 있다. 밀암은 지금의 장수바위를 지칭하는 것으로 여겨진다.

수정산은 음성읍 읍내에서 동쪽으로 2km밖에 떨어져 있지 않아 주민들이 간

편한 차림으로 자주 이용하는 산이다. 삶에서 친근하게 다가오는 산 악경관은 희로애락을 담은 삶터에 영향을 주며 늘 감흥을 준다. 삶터 의 배경이면서 삶이 묻어나는 생활경관의 속성을 지녔다. 음성읍 읍 내리와 평곡리에 걸쳐 있는 산으로 음성 사람들의 각종 행태를 이끌 어 온 셈이다.

산의 북쪽에서 동으로 청주, 충주간 국도가 뻗어 있는 것은 오상 에서 인지가 있으며, 남쪽에 동서로 충북선이 뻗어 있는 것은 예의禮 義가 있기 때문이다. 형상은 마치 섬모양을 하고 있어 음성을 비보裨補 하는 상징이다. 수정水精을 받은 산의 무리를 이룬 바위 중 장수바위 는 길고 둥근 모양을 하고 있어 산세를 우람하게 만든다.

정상에서 삼국시대에 토축한 산성을 고려시대에 석축으로 보강 한 옛성의 흔적을 볼 수 있다. 성내에서 삼국시대의 연질, 결질토기 편과 통일신라에서 고려를 거쳐 조선시대에 이르는 토기, 도자기, 기 와편이 발견되고 있다. 고려시대 고려장군 박서가 축성했다는 수정 산성이라 추정된다. 수정산성에 대한 전설로 남매가 축성했다는 설 화가 전해 온다. 원남면 상노리와 하노리 경계의 할미성과 함께할 애 비성으로 할애비와 할미가 축주했다는 설화가 있다. 음성의 상징적 생활경관을 표출하는 정경은 설렘을 준다.

봉학골 삼림욕장

　봉학골 삼림욕장은 충청북도 음성군 음성읍 용산리 잣나무골 뒷산에 있다. 봉학골 산림공원 앞에는 봉학산 봉학골에서 흘러내린 물이 유입되어 이루어진 용산리 저수지가 있어 호수경관을 관상할 수 있다.

　음성군 지역에는 주민들이 즐길 수 있는 관광지나 유원지가 없었다. 1998년에 군민의 정서 함양과 여가 선용을 위해 가섭산의 수려한 산세와 맑은 계곡을 배경으로 130ha 규모의 봉학골 산림공원을 조성했다.

　봉학골은 봉학산 기슭에 자리잡은 마을이다. 봉학산은 산의 형태가 백학이 짝을 지어 나는 형상이라 명명되었다고 한다. 북쪽으로는 부용산으로 이어지며, 동남쪽으로는 가섭산에 이어져 음성을 위요하는 산세를 이룬다. 봉학산의 동남쪽 봉학골에서 발원하는 봉학천은 음성읍의 용산리 삼림욕장을 관통해 수목을 보듬고 흘러 용산 저수지로 몸을 불린다. 여러 종의 나무가 숲을 이루며 산수경관과 어우러져 수려한 풍경을 이룬다.

삼림욕장의 경관은 외연적으로 산악과 삼림의 전全경을 만든다. 내연적으로는 삼림을 배경으로 수목 사이로 국면과 상황에 따라 풍경을 이루며 숲의 내음과 풀벌레 소리는 숲 속의 정경을 낳는다.

가섭산과 이어지는 능선 중 얕은 곳에 길마재라는 고개가 있어 음성의 들판을 조망할 수 있다. 예전에는 사람들이 길마재로 통하는 길을 이용하여 소통과 만남을 만든 유래가 있다. 또한 마을과 마을의 소식을 전했고, 사연을 안은 사람들은 재를 넘으며 문물을 주고받았다. 소통과 교류는 작은 마을에서 큰 고을을 이루며 더욱 빈번한 물자와 사람이 재를 넘어 통행했다. 굽이를 도는 옛 길은 옛 유래경관의 흔적을 보여준다.

길마재를 통행하는 즐거움은 나무의 푸르름과 자색의 산악이 어울리는 풍경을 관상함에 있다. 길마재의 경관은 울창한 수림과 산세의 조화로 계절에 따라 다채로운 수림樹林경관을 표출한다. 수림경관은 예나 지금이나 정서적 안정을 주며 건강을 북돋우는 정경을 만든다. 정경을 담은 삼림욕장이 휴식과 관상의 행태를 주는 공간을 지닐수록 수목에로의 친근함과 자연의 귀속성을 더욱 증대시

킨다.

봉학골 산림공원 앞에 봉학산 봉학골에서 흘러내린 물이 유입되어 이루어진 용산리 저수지의 호수경관은 수림경관과 조화를 이뤄 정경이 겹다. 호수가 지닌 수평적 시각의 안정감과 고요, 적막을 유발하는 신비감이 엄습하면 삼림이 지닌 자연성과 공감을 이뤄 경관의 오감적 감흥이 극화된다.

주변에 음성군 예비군 훈련장이 있음은 청년들의 기개를 북돋기 좋은 배경을 갖는 셈이다. 호수경관과 삼림경관이 정태적인만큼 청년의 역동성이 함께함이 있다면 행태적 경관의 변화를 유발하여 감흥은 또 다른 매력으로 다가온다.

봉학골 산림공원은 개방성과 이산성이 비교적 크게 작용하므로 휴식과 휴양 공간으로 각광을 받을 수 있다. 산림공원의 솟대, 조각공원, 맨발 숲길, 식물원, 물레방아, 삼림욕장, 운동 시설, 놀이 시설, 자연 학습관 등은 사람들에게 탐방의 동기를 부여하고 정자와 산책로, 텐트장, 간이 수영장 등의 편의 시설은 쾌적한 환경을 만들고 있다. 또한 봉학산 서쪽 사면에는 고려시대에 창건한 상봉악사가 있었다. 지금은 폐사되고 기와와 토기 조각이 발견되고 있음에 옛 정경이 살아난다. 절터의 흔적이 남아 옛 사람들의 사연을 묻는다. 세월의 흐름을 거스르는 삼림 속에서 세상의 삼진을 털어 본다.

제천 8경

제천 의림지 중도와 소나무

의림지

의림지는 김제의 벽골제, 밀양의 수산제와 함께 삼한시대의 3대 수리 시설인 인공 저수지로 제천시 모산동 241번지 일대에 있다. 벽골제와 수산제는 저수지 기능을 잃었지만 의림지는 지금도 제천시 청전동 인근 평야에 농업용수를 공급하는 호반둘레 약 1.8km, 호수면 약 158,677m², 저수량 6,611,891m³, 수심 8~13m, 몽리면적 289.4정보의 수원지이며 현재도 활용되고 있다.

본래는 임지로 불렸다가 고려 성종 11년에 군현의 명칭 개칭시 제천을 의원현, 도는 의천이라 하였다가 후에 제천의 옛 이름 의를 붙여 의림지라 했다. 구전에 따르면 신라 진흥왕 때 악성 우륵이 용두산에 서서 흘러내리는 개울물을 막아 둑을 만들어 치수_{수리 시설을 잘하}여 홍수나 가뭄의 피해를 막음했다가 그 후 700년이 지나 현감 박의림이 4개의 군민을 동원하여 못 주위를 3층 석축구조로 물이 새는 것을 막는 한

편, 배수구 밑바닥 수문은 수백 관의 큰 돌을 네모로 다듬어 여러 층
으로 쌓아 올려 수문 기둥을 삼았다. 돌바닥에 박의림 현감의 이름이
새겨져 있다고 한다.

권두경의 〈창설재집〉에서 제천팔경 중 제1경으로 임호조수林湖釣
叟, 의림지에서 낚시하는 노인, 제2경 임호연수林湖烟樹, 의림지의 안개 낀 나무로 표현
했고, 김이만의 〈제천시지〉에서도 제천팔경 중 제1경을 권두경과 같
이 표현했다.

제천 의림지와 제림은 오랜 역사를 지닌 전통적인 명승지로 순
조 7년에 세워진 영호정, 1948년에 건립된 경호루 등 정자와 누각,
연자암, 용바위, 홍류동, 홍류정지가 전통적인 경관 소재와 가치를
지닌다. 이는 전통공간의 배치와 형태를 구성하는 물, 바위, 나무, 흙
등의 조경요소가 독특한 역사경관 체험을 가능하게 하는 전全경이 펼
쳐진다.

특히 주변을 주유하면서 물에 비치는 원경의 산과 제림의 나무
들이 정자와 함께 어우러져
관상경관의 운치를 느끼게
하며, 계절과 시각에 따라 다
른 정적 호반경관의 일품을
지녔다. 의림지에서 발생하
는 수변의 물안개나 저녁노
을에 비치는 수면, 달빛이 어
리는 밤의 호수경관이 지니

는 정경의 미묘함은 역사적 경승지로서의 시적 소재로 쓰여 왔다.

제천 의림지와 제림에는 120~230년 된 소나무 400여 그루와 버드나무 등이 숲을 이루고 있다. 의림지와 역사를 같이한 노송과 어우러진 버드나무는 어디서라도 미묘한 형태로 눈길을 끄는 초점경관의 주제적 소재이며, 풍부한 품격을 지닌 수목경관이다. 수목과 호수가 조화로워 가경을 만든다.

시대가 지날수록 한층 배식이 점증적으로 보완된 버드나무, 전나무, 은행나무, 벚나무 등이 계절마다 채색을 달리하는 다양성과 호반경관이 조화를 이룸으로써 심미적이고 고색창연한 호반체험경관을 야기한다.

청전동 샛터에서 의림지까지 폭 35m, 길이 2km에 달하는 청전뜰 농로를 보행전용 유보도로의 성격과 시민 문화휴식 공간을 갖춘 녹도로 조성하면서 의림지는 숲과 물이 조화를 이루며 예술 레저 체험공간이 조성되어야 할 국가공원화 대상이 되었다. 제천시의 그린플랜과 조화로운 명소화의 상징적 호반임을 선도하는 역사적 문화경관자원의 효시라는 의미를 지녔다.

박달재

박달재는 제천시 봉양읍과 백운면을 연결하는 고개로 높이 504m로 차령산맥의 지맥인 구학산과 시랑산의 안부_{산의 능선이 말안장 모양으로 움푹 들어간 부분}에 해당한다. 과거 박달산, 박달령, 박달현, 박달치로 불렀다. 평동리에서 구불구불 고갯길을 넘어가며 펼쳐지는 박달재는 힘찬 산세와 파란 하늘이 맞닿아 전형적인 한국 산악경관의 점증적 능선 변화를 느끼게 한다. 외연적 경관은 고개에 이르는 굽이마다 산악의 전수(全)경을 하늘가로 잇는다. 내연적으로는 장소에 따라 배경과 풍경을 달리하며 고개의 사연이 정경을 이루고, 산림과 산악이 어울려 가경을 만들며, 발아래 전展경을 품는다.

거란의 침입시 최원세 상장군은 전군병마사 김취려와 함께 박달재에서 대파시켰던 전승지라는 국가기념적인 역사성이 있다. 군사들의 용맹성도 되새기기에 적합한 곳으로 험한 지세를 활용한 선조들의 지혜를 깨닫게 한다.

박달나무가 많아 박달재라고도 하고, 맑고 큰 고개의 이름에서 비롯한다. 천등산과 지등산이 이어진 이등령이란 고개였지만, 박달선비와 금봉낭자의 애절한 사연으로 박달재가 되었다. 조선 중엽 경상도 박달이 과거 길에 고개 너머 아랫마을 금봉과 사랑을 나눴다. 박달은 과거급제 후 상경했으나 평동의 금봉이 기다리다 지쳐 죽었음에 식음 전폐하고 슬피 울었다. 이후 박달은 고개 위 금봉의 환상을 보고 낭떠러지로 떨어지고 말았다.

박달은 순수한 우리말이다. 박은 밝다, 크다, 하얗다, 높다, 성스럽다 등의 여러 가지 의미를 갖고 있다. 이는 산림경관의 순수를 드러낸다. 그런데 박달재는 '울고 넘는 박달재'라는 별칭을 갖고 있다. 옛날에는 박달재와 다릿재_{충주시와 경계를 이룸}를 걸어서 넘는 데 며칠이 걸렸다. 또 고갯길이 험하고 박달나무가 울창해 맹수들이 불시에 튀어나오거나 고개를 넘을 때 도적이 많아 이곳을 넘어온 새색시는 다시 친정이 그리워도 가기 어려웠기에 눈물을 쏟는다고 해서 울고 넘는 박달재가 되었다고 전해진다.

박달재 기슭에는 100년쯤 된 송림이 있고, 높고 낮은 봉우리와 경원사의 기암괴석, 산 정상의 옹달샘 등의 가경을 이끄는 요소가 있다. 박달재의 옛 길에서 전설적 사연을 음미하는 상상경관을 그려 가며 선조들이 걸어갔던 여유로움을 체험할 수 있다. 승전지의 고개에 이를수록 굽이마다 경관구조적 변환을 만드는 국소성과 구전적 경관소재를 지녀 신비한 전설경관의 요체를 이룬다.

월악산

　월악산은 상대적으로 높지는 않아도 설악산, 치악산과 함께 바위산으로 된 한국 3악岳에 속한다. 주봉인 영봉의 자태는 영험한 기운이 어려 있다. 외연적으로는 정상에서 보면 산수의 전全경을 이루고 조망되는 명소는 절경이다. 내연적으로는 오경을 모두 아우른다.

　달이 뜨면 영봉에 걸린다 하여 월악이라 부르지만, 삼국시대에는 월형산이라 불렀고, 견훤이 여기에 궁궐을 지으려다 무산되어 와락산이라고 구전된다. 고려를 침공한 몽고군이 충주에서 월악으로 쳐들어왔을 때 송계리의 주민과 군사들이 덕주산성을 지킬 수 있었던 것은 영봉에서 기운이 솟구치더니 한 무리의 병사영봉의 신병들이 달려와 몽고군을 일시에 격퇴시켰다는 전설이 있다.

　월악산은 4개 시, 군에 걸쳐 있으나 충북 관할이 많다. 북으로 충주호가 있고, 남한강이 공원 북측면을 따라 휘감아 돌며, 동으로 단양팔경과 소백산국립공원, 남서로 문경새재와 속리산국립공원이 있어 산수경관의 조화를 이루는 전소경을 펼친다.

월악은 월악산국립공원의 가장 남쪽에 있는 포암산 부근에서 북으로 갈라져 나온 산세의 말미에 솟구치며, 문수봉, 여름에도 눈이 녹지 않는다는 하설산을 비롯해 황장산, 대미산, 만수봉 등의 고봉과 메밀봉, 북바위산, 용마산 등의 묘봉이 있다.

정상의 영봉은 암벽 높이가 150m, 둘레가 4km이며, 이 영봉을 중심으로 점증적 산악경관을 켜를 두고 이어 가고 있다. 대미산, 하설산, 만수봉 등으로 영봉을 구성하고 있다. 바위틈 청송과 기암괴석의 형상은 산행체험경관에서 시각적 묘미를 더한다. 체험경관에서 암송이 가경을 이루며 멀리 관조되는 전展경을 만든다. 영봉에 오르면 충주호의 파란 호반과 산야가 배경으로 조망되며, 중봉과 하봉을 중경 삼아 기교를 부린 소나무들이 근경으로 산수화를 그린 듯 펼쳐진 산수조화장관의 풍경은 으뜸을 감상케 한다.

풍수에서 영봉의 기세가 백두대간 백호가 남한강을 보며 포효하는 형국이라고 하나 월악의 능선 형태는 조망 위치에 따라 다르다. 송계계곡에서 보면 영봉, 중봉, 하봉의 천지인 삼재 구성적 와룡의 형상이며, 제천시 한수면 민박 마을에서 보면 바다를 헤쳐 가는 큰 범선이고, 제천시 덕산면 신륵사에서 보면 종과 같으며, 송계계곡 물레방아 휴게소에서 보면 오뚝한 콧날의 여인이 누워 있는 모습처럼 보인다. 조망점에 따라 달라지는 능선의 변화로 관조자로 하여금 다양한 모양을 상상하게 하는 예술성을 지녔다.

봄에는 산수유, 진달래, 산벚과 함께하는 신록의 채색, 여름에는 맑은 여울과 깊은 계곡 사이로 묘한 바위와 조약돌이 울창한 수림과 어우러진 산수암의 절묘함, 가을에는 호수에 비치는 하늘과 수면에 어른거리는 붉고 노란 단풍의 금수강산의 수려함, 겨울에는 호반경관을 품은 산악 설경의 단아함을 갖춘 사계경관 속으로 빠져드는 국보급 산수조화를 이룬다.

월악산은 비운의 신라 마의태자가 금강산으로 가기 전에 들러 망국의 한을 달랜 곳이다. 애달픈 사연은 바삐 사는 현대인에게 세월을 초월해 사유하는 힘이 있다. 산성지, 동문, 남문, 신륵사, 중원미륵리사지 등 문화재와 사적도 풍부하여 흥미 유발적 보고를 지닌 월악의 힘이며 매력적인 전설소재경관이다.

월악산을 안고 있는 백두대간의 산악경관이 점증적으로 와 닿으며, 청풍호의 호반경관이 어우러지는 금수강산의 표상적 지형과 지세의 총화를 그려 내는 풍경은 사철 변화하는 다양성과 섬세함을 표출하는 탁월한 산수경관자원의 으뜸임에 틀림없다.

청풍 문화재 단지

　　예로부터 청풍 한수는 자연 경관이 수려하고 문물이 번성했던 곳이며 전승할 문화 유적을 많이 갖고 있었다. 충주댐 건설로 청풍면 후산리, 황석리, 수산면 지곡리에 있던 마을이 문화재와 함께 수몰될 수밖에 없었다. 충북도에서는 1983년부터 3년간 수몰 지역의 문화재를 원형대로 현재 위치에 이전, 1만 6천 평의 부지 위에 원형대로 이전 복원하여 단지를 조성했다. 1985년 12월 23일 개장한 단지에 시민들의 참여경관을 체험하는 장소가 만들어져 단지의 전$_{全}$경을 관상할 수 있다. 내연적으로는 정경이 어리며, 청풍호와 주변 산악이 배경을 이뤄 나름 풍경이 다양하다.

　　단지에는 향교, 관아, 민가, 석물군 등 53점의 문화재를 옮겨 놓았고, 민가 4채 안은 생활 유품 1,900여 점이 전시되어 있는 민속촌이다. 고려 때 관아의 연회 장소로 건축된 청풍 한벽루와 청풍 석조

여래입상 등 보물 2점과 충북유형문화재 9점, 지석묘, 문인석, 비석 등 42점과 생활유물 2천여 점이 보관되어 옛 남한강 상류의 화려했던 문화의 산실로 자리 잡고 있다.

청풍부를 드나들던 관문인 팔영루, 조선시대 청풍부 아문인 금남루, 응청각, 청풍향교, 고가 4동, 옛 도호부 시대의 부사나 군수의 송덕비, 선정비, 열녀문, 공덕비 등이 세워져 있다. 역사공원의 성격을 지녔으며 참여경관의 유효경관을 중시하는 기법으로 조성된 수범적 문화재 단지가 조성된 것이다. 한벽루에서 보면 충주호가 한눈에 관조되며, 주변에 비봉산, 구담봉, 옥순봉, 능강구곡, 금수산, 단양팔경 등의 경승이 배경으로 와 닿고, 월악산국립공원, 수안보온천, 백두대간의 산악 등이 둘러싸고 있다. 지금은 8만 5천 평의 규모로 확대 개발되어 제천시의 가장 대표적인 문화 관광지로 발돋움하며 역사 문화에 대한 청소년의 산교육장이 되었다.

이곳 문화재는 직접 생활하거나 사용하던 것으로써 타 지역과 차별화되기에 체험경관에서 이용자의 참여 유효성을 제고시키고 있다. 아울러 방문자의 흥미를 증진시키기 위해 놀거리, 볼거리, 먹거리 등의 장을 보완하고 있다. 체험경관에서 방문자의 구성과 탐방의 의도에 따라 참여의 시간과 행태를 구분하여 동선과 체재 활동의 배분을 적정하게 조정할 수 있는 장점이 있다.

경관론에서의 점적경관 요소인 민속촌 청풍 문화재 단지를 정점으로 여기저기 흩어져 있는 산악경관과 호수경관이 조화를 이룬다. 문화재의 중요함을 고양시키는 단지 주위로 봉황이 호수 위를 나는

형상의 비봉산과 고요하고 매력적인 금수산을 배경으로 한적한 청풍
호반은 호반경관의 백미라 할 수 있다.

단지의 각 문화재 배치는 구릉을 따라 탐방로를 만들고 공간의
특성을 식재로 보완하여 특이한 건조환경을 창출하는 풍광으로 계절
적 경관을 특화시킬 수 있다. 또한 수경분수의 물소리와 양태는 청량
감을 높이며 힘차게 뿜어내는 시원한 물줄기는 고요한 수반을 깨우
는 파격적 경관을 연출한다.

문화재 단지가 지니고 있는 역사문화성은 산재된 수몰 문화재를
한곳에 모아 놓음으로써 인위적 입지에 따른 집재와 접근을 용이하
게 만든다. 이는 관상경관을 고양시키는 효과를 지니면서 시대별 민
속자료를 비교하는 체험경관을 돋보인다. 문화재 보전과 더불어 그
장소를 지키는 토속적 기반을 만들고 장소적 문화를 분유하는 원천
적인 힘이 된다.

금수산

　금수산은 원래 백암산, 또는 백운산이라 하던 것을 조선 중기에
퇴계 이황 선생이 단풍이 든 산의 모습을 보고 "비단에 수를 놓은 것
처럼 아름답다"하여 산 이름을 금수산으로 바꾸었다고 한다. 이곳의
남쪽 마을 이름을 백운동이라 부르는 것도 백운산에 따른 옛 이름이
다. 상천리 마을 이름으로 맑은 물이 흐르는 곳에 아름다운 산세를
뽐내고 있는 암벽과 바위 사이로 소나무와 교관목이 어우러진 산림
경관의 극치를 표출한다. 외연적 오경과 내연적 오경을 다 갖췄다.

　금수산의 정상을 기준으로 능선 따라 제천시 수산면과 단양군
적성면의 경계가 이뤄지고, 월악산 국립공원의 최북단에 맞닿아 있
다. 제천 쪽의 주능선으로 작성산_{무암사 뒷산}, 동산, 중봉, 신선봉, 저승
봉_{정방사 뒷산}, 망덕봉 작은동산_{무암사 앞산} 등을 아우르고 있으며, 남쪽으
로는 단양군 적성면 말목산까지 뻗어 내린 15km에 이르는 긴 산줄

172

기로 사자형상의 주봉이 산악의 전全경을 담는다. 간헐적으로 풍경이 특이한 조망점에서는 발아래 전展경을 펼친다.

　제천시 수산면 상천리 상천 휴게소가 있는 백운동 코스는 아름다운 코스지만 접근이 어려운 남쪽 코스로 일반인에게 잘 알려지지 않았다. 그렇기 때문에 어뎅이골과 정남골이 만나는 계곡에서부터 시작된 금수산 절경의 하나인 용담폭포와 선녀탕을 쉽게 찾지 못하는 단점이 있다. 용담폭포와 선녀탕의 담소는 맑고 속내가 비치는 계곡의 속살을 내보이며, 우람한 산세와 푸르른 산림은 계절과 시각에 따라 고즈넉한 산악경관을 고운 빛깔로 채색한 선경이다.

　특히 용담폭포는 금수산에서 꼭 들러야 할 명소다. 이곳에 이르면 시원한 물소리와 함께 폭포의 세찬 물주기를 만나게 된다. 폭포의 아래쪽에서 바라보면 냉랭한 한기를 느낄 수 있는 낙수의 형상이 마치 용이 승천하는 모습과 유사하다. 그러나 옆으로 조금 비켜 전체를 바라보면 넓은 암반 위로 쏟아지는 30여m의 폭포수가 파란 담소로 뛰어드는 자태는 하늘과 푸른 숲 사이로 펼쳐지는 형형색색의 비경임을 알려준다.

　용담폭포 전설에 의하면 옛날 주나라 왕이 세수를 하다가 대야에 비친 폭포를 보았다. 그 모습이 흡사 여인의 음부와 비슷하여 주왕은 신하들에게 동쪽으로 가면 폭포를 찾을 수 있을 것

이라 하였다. 그곳을 찾아보니 폭포 위에는 상탕, 중탕, 하탕의 선녀 탕에 청용이 살고 있어 접근하기가 어려웠다. 이에 주나라 신하가 금수산이 명산임을 알고 산꼭대기에 묘를 쓰자 청룡이 크게 노하여 바위를 박차고 하늘로 승천했다 하여 용담폭포라 부르게 되었다고 한다. 이러한 전설에 이어지는 풍경은 이색적인 정경을 낳는다.

금수산의 계곡에는 한여름에도 얼음이 어는 얼음골이 있고 산중턱에 가뭄이나 장마에도 수량이 일정한 용소와 매년 3,4월경 주민들이 산신제를 지내는 제단이 있다. 그리고 또 하나의 명소가 선녀탕이다. 용담폭포 좌측으로 가파른 급경사 바위 지대를 10분 정도 오르면 거석이 있어 외경을 이룬다. 이곳은 용담폭포와 선녀탕을 바라볼 수 있는 전망대 바위로 폭포 위에 3개의 선녀탕이 나란히 있는 모습을 볼 수 있다. 금수산은 전설과 국소적 명소가 백미를 이루는 가경이다.

용하구곡

용하구곡은 백두대간에서 금수강산의 산수경관적 조화를 이끌어 내는 월악산과 맞물린 계곡이다. 월악산 남쪽의 만수봉과 동남쪽의 문수봉 사이에 발달한 계곡으로 각 소담과 폭포, 여울이 주변의 여러 형상을 표출한 바위와 물섶, 계곡수와 함께 기묘한 산수경관을 나타낸다. 외연적으로는 절경과 선경이며 내연적으로는 풍경과 배경이 빼어나고 국면에 따라 가경과 정경을 이룬다.

송나라 때의 유학자로 주자학을 집대성한 주자주희; 중국의 푸젠성 우계에서 출생하였고 〈사서집주〉를 저술하였음는 무의산이 너무 아름다워 9개의 계곡을 무의계곡이라 이름 지었다고 한다. 이것에 비유하여 의당 박세화 선생이 용하구곡이라 명명하였다. 1895년 일제강점기의 단발령을 피해 의당 박세화 선생이 용하구곡으로 들어가 은거하자 그의 제자였던 회당 윤응선도 그곳으로 가 한학을 공부했다. "산이 깊어 용하구곡에 선령이 있으며, 비 갠 후 맑은 달빛과 바람이 눈 가득 청아하네, 참다운 물근원이 기이하고 빼어난 곳을 찾으려 하니, 진원은 냄새도 없이 소리도 없네"라고 노래한 박세화가 바위에 용하구곡이란 이름을 남기면서 오늘날까지 전해지게 되었다고 한다.

발원은 월악산의 등성이를 이어 가는 각 봉우리에서 섬세하게 다기화 되어 가며 물길이 상류에서 크게 두 갈래로 갈라진다. 용하수는 문수산을 좌측에 대미산을 우측에 두고 골짜기를 따라 발원하여 강서대, 활래담, 수용담, 선미대, 청벽대의 절경을 만들고, 월악산 영봉을 향해 가는 산등선 줄기의 허리춤에 있는 만수봉에서 발원하는 물줄기는 수문동폭포와 병풍폭포, 관폭대, 수곡용담 등의 선경을 빚어 낸다. 그리고 만곡의 계곡이 만들어지는 구곡 풍경은 산악을 배경으로 사행천뱀이 기어가는 모양처럼 구불구불 흘러가는 하천의 수형이 만들어진다. 이러한 계곡경관을 통틀어 구곡이라 일컫고 수문동폭포, 수곡용담폭포, 관폭대, 청벽대, 선미대, 수용담, 활래담, 강서대, 수렴선대 등의 차례로 아홉의 만곡천의 굽이를 용하구곡이라 말한다. 용트림하는 계곡이 굽이마다 가경을 표출한다.

용하수 계곡은 맑은 물이 흐르는 골짜기로 더위를 피하기에 더없이 유용한 곳이며, 청량한 산수를 만들고 깊은 산속에 꽉 들어찬 수림과 함께 산내음이 온 몸에 스며드는 곳이다. 전설에 따르면 이곳에 동방의 신선들

이 모두 모여 세월의 오고 감도 몰랐다고 하며, 필부조차도 이곳에서 시공을 초월하는 힘을 얻어 갔다고 한다.

용하수의 흐르는 골짜기가 시공을 떠나 초인적 힘을 지녔는지는 확인할 길이 없으나 순간적으로 이 풍진세상을 멀리 떠나 자연에 귀속되는 경험을 하는 미묘한 국면이 있는 도원경과 같은 장소다. 아니면 주자가 "우주를 형이상학적인 이理와 형이하학적인 기氣로 구성되어 인간에게는 근본적으로 선한 '이'가 본성으로 나타나지만 불순한 '기' 때문에 악하게 된다"고 한 것을 음미해 볼 수 있는 오성적 본원지이기도 하다.

용하구곡은 현대사회의 문명으로부터 한 20여 년 후퇴해서 자연 그대로의 때 묻지 않은 곳이다. 이곳에서 월악산을 보며 골짜기를 찾아가는 길은 자연으로 회귀하는 인간의 본성을 자극하는 오묘한 기운을 느끼게 한다.

송계계곡

충북 제천시 한수면 송계리를 거쳐 충주시 상모면 미륵리까지 이어진 약 7km의 송계계곡은 깊은 골짜기와 푸른 산림, 맑고 차가운 물, 월악산의 정기를 받은 산봉우리와 능선이 백두대간으로 이어 간다. 외연적으로는 절경과 선경이며 내연적으로는 풍경과 배경이 빼어나고, 국면에 따라 가경과 정경을 이루며, 시각이 트인 관망점에 이르면 계곡의 전展경을 아우른다.

한국의 3대 산악으로 불리는 월악산의 서쪽 자락 아래에 흘러드는 수문은 물줄기를 뿜어내며, 산등성이가 위요되면서 단애를 이룬 기암괴석과 울창한 숲 사이로 맑은 물이 흐른다. 간간이 여울과 작은 폭포가 만들어져 계곡경관의 아름다움이 가경을 이루는 곳이다. 선경의 전형을 본다.

계곡의 바위들은 단층작용과 풍화작용으로 세로로 세워지기도 하고 가로로 크고 넓으며, 형상은 다양한 물상과 함께 각종 수목이 바위와 어우러져 추상화를 보는 듯하다. 사시사철 풍관이 달라지며 형형색색의 바위와 수목이 계곡과 산림, 암석의 경관을 독특한 구도로 시각적 평안을 가져다준다. 특히 봄철에는 산수유와 개나리, 진달래가 상춘의 흥미를 가져다주고, 여름철에는 울창한 수림의 그늘과 깊은 계곡의 냉기가 피서에 적합하다. 가을철에는 잔잔한 청풍호의 적막을 표출하는 호반경관과 연계한 단풍경관은 비단에 수를 놓은 듯하고, 겨울철에는 백설과 암반, 단애의 절벽 사이로 상록의 수림이 수묵화를 그려 낸 듯하다. 정경을 관상하며 가경이 손에 닿으면 전展경을 이룬다.

계곡 주변에는 송계팔경으로 지정된 명소가 있다. 송계계곡의 첫 입구에 자연대가 있고, 소야곡을 들려주는 듯한 물소리의 월광폭포가 있다. 그리고 이와 연유된 신라시대에 창건된 월광사가 있었는데 임진왜란 때 소멸되어 터만 남아 있다. 이곳에 있던 돌 거북과 비석은 경복궁으로 이전 복원되었다. 이외에도 수경대, 신라시대 때부터 위치한 월악신사, 월악산을 오가며 사는 한 쌍의 신성한 학을 머금은 학소대가 있다. 아기자기한 절경의 묘미가 드러난다.

덕주산성 남문과 한쪽 맥이 이어져 가는 기암 줄바위제2의 금강산에 있다는 바위와 그 정상에는 우람한 정삼품송이 자리 잡고 있으며, 고무서리계곡을 굽이도는 맑은 여울과 어우러진 망폭대가 있다. 풍경과 배경이 뛰어나 절경을 이룬다.

전설에 따르면 용이 승천했다는 수심 5m의 깊은 용소가 있다.

근처에 고려시대 네 마리의 사자를 배치하여 탑신을 받치고 있어 특이한 상층과 하층 2기 단위에 4층 지붕돌을 얹은 사자빈신사지석탑이 있는 와룡대가 있다. 또 200여 평의 화강암 반석 위로 맑은 물이 비교적 드넓게 차지한 소를 이루며 계류를 따라 흐르고 있어 전설에 따르면 하늘나라 8명의 공주가 하강하여 목욕을 하였다는 팔랑소가 있다. 그리고 월악의 영봉을 반추하는 푸르른 기상을 드러낸다는 청벽대도 있다.

　　송계계곡의 의미처럼 푸른 소나무의 산림이 계곡을 메우는 형상 아래 골짜기가 맑고 차가운 이미지를 가지고 있음을 뜻한다. 송계계곡을 품어 낸 월악산은 백두대간이 소백산에서 속리산으로 연결되는 중간 위에 있어 노자가 말한 상덕약곡제일가는 덕은 골짜기 같이 보인다의 뜻을 되새기게 한다.

송계계곡

　　특히 월악의 영봉 산줄기는 산세가 험준하고 기암단애가 맹호처럼 치솟아 심산유곡과 폭포, 소 등이 송림과 어우러져 아름다운 계곡경관을 표출하고 있다. 무엇보다도 지금처럼 제약 없이 피서지로 훼손할 것이 아니라 표표한 산 기운과 고요한 호반에 금수강산의 심미성을 바탕으로 한 산수경관의 수려함을 이끄는 명소성을 지니고 있어 누구나 쉽게 다가설 수 있는 자연자원임을 돌이켜봐야 한다.

옥순봉

충북 제천시 수산면 괴곡리 산5-1번지와 9번지에 있는 자연경승으로 지정 면적이 178,232m²다. 2008년 9월 9일에 명승 제48호로 지정되었다. 경관이 뛰어나 백두대간에서 산수조화를 이룬 청풍호반의 기암과 암벽 사이의 수목이 장관을 이룬다. 외연적으로는 절경이며 내연적으로는 가경이 빼어나다. 아울러 오행에서의 내연적 오경과 오격을 함께 지녔다. 역사적으로는 단양권으로 단양 서쪽 9km 지점의 장회리에 있으며, 솟아오른 봉우리는 자유분방하고 기상천외하여 예로부터 소금강이라 일컬어지기도 했다.

자의처럼 희고 푸른 여러 개의 봉우리가 마치 우후죽순과 같이 솟아오른 형상이라고 하여 옥순봉이라고 이름이 붙여졌다. 그 기암의 높이가 283m에 이른다. 기암괴봉이 거대한 병풍처럼 펼쳐지면서 청풍호와 어우러져 금수강산의 수범적 산수경관을 표출하는 절경이다.

연산군 때의 김일손은 〈여지승람〉에, 이중환은 〈산수록〉에 이곳의 뛰어난 경치를 단양팔경으로 칭송했다. 단원 김홍도의 〈병진년화첩〉에 옥순봉도로 남겨져 있다. 지금은 행정구역상 제천시에 속하여 제천시가 제정한 제천10경 중 제8경에 속해 있다. 산등성이에서 보이는 산수조화의 전展경이 푸른 하늘에 닿아 더 장관이다. 대체로 3시간 이내가 소요되는 계란재에 이르는 코스를 택해 다양한 수변과 산세의 변화 국면의 가경을 감상할 수 있다.

1코스는 공원 지킴터에서 건너다보이는 옥순봉의 서쪽 바위벽을 기어오르는 아슬아슬함과 정상에서 아래쪽의 청풍호를 내려다보면 호반과 산세가 어우러지는 금수강산의 산수 절경을 감상할 수 있는 부가적 효과를 얻을 수 있다. 제2코스는 계란재에서 옥순봉을 먼저 오른 뒤 구담봉의 북쪽 경사진 곳을 거슬러 올라야 한다. 경치에 경탄할 수 있는 연속적 기회가 많기는 하지만 특히 겨울철에는 위험하기 때문에 등반 장비를 준비하지 못했을 때는 이용하지 않는 것이 좋다.

산행체험경관은 이용자나 탐방자의 참여 정도와 적극성에 따라 개별적인 풍경에 대한 감흥도 달라진다. 여러 가지로 다양하고 세밀한 산행 코스와 탐방로의 상세화 작업이 수반되면 관상의 묘미를 느낄 수 있다. 옥순봉으로의 산행체험경관은 산수경관의 풍경이 다양하고 계절에 따라 색채가 다채로워 감흥이 더욱 크다. 아기자기한 국토경관의 섬세성을 바탕으로 한 금수강산의 수려함을 담는 장점이 있어 누구나 쉽게 접근 가능하도록 정비한다면 호반경관과 산악경관의 조화를 담아 낼 국가적 자원임에 틀림없다.

증평 8경

증평 비나리길과 호소

두타산

두타산은 충북 증평군 증평읍 송산리 609-4번지에 있다. 증평군의 서부를 병풍처럼 두르고 있는 산야의 전全경을 지닌 명산으로 주위에 높은 산지가 없고 부드러운 구릉이 발달한 지형지세의 들판에 도드라져 보인다. 과거에는 군사시설이 설치되어 일반인의 출입통제로 갈 수 없는 금단의 산이었다. 이후 입산이 허용되면서 증평군에서 등산로와 함께 산야가 조망되는 전망 데크를 설치해 산행경관을 느낄 수 있다.

네이버 지식사전에 의하면 두타산의 지명은 〈산해경〉 해외동경편에서 "단군이 나라를 다스릴 때 오랫동안의 장마로 땅이 물바다로 변하니 백성들이 가장 높은 산으로 모여들어 수난을 피한 적이 있다. 그때 산의 봉우리頭가 섬陀처럼 보여서 붙여졌다"고 한다.

증평군에서 두타산 산행길은 보타사, 장병대대, 영천, 삽사리 자양리 등이다. 그중 두 개의 등산로가 조성된 삽사리 코스 중 하나는 마을 안쪽의 대봉산을 이용해서 두타산에 오르는 길이고, 다른 하나는 마을회관 앞 다리를 건너 두타산 522m봉으로 직접 오르는 길이다. 삽사리는 두타산 522m봉 자락에 둥지를 튼 자연 마을로 농촌경관의 전형을 갖고 있다. 정겨운 모습은 정경이다. 법정리 지명은 송산 4리이지만 사곡이라 불리던 지명에서 유래된 삽사리는 모래가 많고 골짜기에 형성된 마을이다. 오기五氣; 풍열습조한風熱濕燥寒에서 풍기와 열기가 발달한 장소이며, 온화하고 정겨운 삶터로서 손색이 없다. 오행에서 목성인과 화성인이 활기차게 살 수 있는 지세와 경관을 지녔다.

삽사리에서 마을의 중심을 적시며 흐르고 있는 두타산에서 발원한 실개천은 농촌의 운치를 한층 북돋운다. 실개천에 놓인 다리는 농촌경관을 상징하는 형태와 구조, 재료로 바꿀 수 있다면 더없이 좋은 경관 소재다. 아울러 마을로 진출입하는 길의 형태와 명칭에 오상을 대응한다면 살고 싶은 마을로 가꿔 삶의 질을 높힐 수 있는 명명경관을 지녔다.

두타산 522m봉을 직접 올라가는 등산로 입구는 실개천의 다리에서 찾았다. 운치 있는 다리를 상상하며 개심하는 뜻으로 물을 건너 농로를 따라가다가 삼거리가 나오면 우측으로 길을 잡는다. 우측 길의 끝에 법천사가 있다. 다시 나오는 갈림길에서 돌담길 좌측으로 길을 잡는다. 담장 안은 2001년에 창건된 법천사 경내다. 대한불교 조계종의 율법을 따르는 절은 대웅전의 건축양식이 특이하다. 외관은 현대식이나 내관은 전통적 목구조로 제대로 꾸며져 있다. 요사 채는 대웅전과 조화를 이루며 현대 양식적으로 건축되었지만 개성적이며 고즈넉한 가람의 기품을 품고 있다.

대봉산

대봉산은 충청북도 증평군 증평읍 미암리에 있다. 증평의 진산인 두타산이 정상과 TV송신탑 중간쯤에 있는 능선 분기점에서 남동을 향해 가파른 산줄기를 따라 약 800m 정도를 치고 내려가다가, 송산 마을 부근에서 뾰족이 솟구쳐 빚어 올린 봉우리가 증평읍을 향해 남쪽으로 뻗어 내린 산이다. 두타산과 연계하여 산행을 할 수 있고 송산리, 송오리, 미암리, 대지랭이 등에서 오를 수 있으나 경사가 급해 오르고 내리는 데 힘들다. 주산행 구간은 총길이가 14.75km에 이른다. 산세를 아우르는 산악들은 전형적인 한국 산악의 풍경이다.

증평군의 자료에 의하면 "대봉산은 1950년대 이전까지만 해도 가뭄이 들면 고을의 책임자가 이 산에 올라가 기우제를 지냈던 곳이다. 풍년이 들었을 때도 고마움의 표시로 이 산에 올라가 감사제를 올렸다 한다. 그리고 이 산에는 금이 매장되어 있었는데, 이 금을 캐거나 금을 캐기 위해 굴을 뚫게 되면 마을이 망하거나 당사자가 죽었다는 전설이 있다"고 한다.

또한 〈신증동국여지승람〉, 〈대동지지〉, 〈충청읍지〉 등의 역사서에는 대봉산을 金大也峯 금대야봉으로 표시하고 있다. "금대야봉은 청안현에서 서쪽으로 13리의 위치에 있고, 뾰족하게 툭 튀어 올라 남쪽으로 향하고 있으며, 높이는 천자다. 정상에는 샘이 솟아 흐르고 가뭄이 드는 해에 기도를 하면 반드시 비가 온다"고 한다.

대봉산은 멀리서 보면 두타산의 위성봉에 불과하지만 두타산에 버금가는 유래와 의미를 갖고 있다. 전승경관이 함의하고 있는 산악의 돌출 형상이 뚜렷한 매력이다. 돌출한 산세는 정상을 향해 가는 접근로를 매력적인 시설 구조로 바꾼다면 흥미를 더하며, 조망의 전개경관을 더 매혹적으로 펼칠 수 있다. 산행에 어려움을 주지만 대봉산 측면에 송산 저수지가 있어 산수경관의 대비적 심미성을 극적으로 전환할 수 있다. 산수경관이 조화로운 저수지 부근에 진입 공간을 만들고 산행을 이끌어 갈 수 있는 역동적인 등산 기점을 설치한다면 대봉산의 경관자원을 적극적으로 선용할 수 있다.

현재는 저수지에서 올라가는 길에서 시작되는 등산로가 뚜렷하지 않아 산행을 체험하는 데 많은 어려움이 있다. 한적하고 고즈넉한 산세는 명상의 공간이

나 회한의 경관을 용이하게 표출하는 지성적 전순경을 활용하는 데 유리하다. 게다가 송산 저수지를 선용한다면 소박한 농촌경관을 관상할 수 있어 녹색환경을 조성하려는 경향에 탁월한 관광자원이 될 수 있다.

상수리나무와 참나무 군락이 있고 소나무로 이룬 진초록이 다채로운 수목으로 자아내는 산림의 채도와 군집은 수려하여 가경을 이룬다. 다소 급한 계곡 길을 따라 정상을 향해 올라가는 코스를 다양하게 만들면 산행의 묘미를 한층 북돋을 수 있다. 군데군데 나타나는 유적지나 선조들의 삶의 흔적도 산행경관에 흥미를 유발시킬 수 있다.

원초적 산세를 지닌 대봉산 기슭은 한가한 농촌에 느린 마을로 가꿀 수 있는 입지적 위상을 가지고 있다. 빠르고 숨찼던 도시생활에서 벗어나 일상에 지치고 고달팠던 심신을 풀어주어 즐겁고 유쾌하게 자연으로 돌아갈 수 있는 원형의 마을로 조성할 수 있다. 경관치료가 쉽게 이뤄져 자연으로 회귀할 수 있도록 하는 자연적 재생경관을 수범적으로 만들 수 있는 여건을 가지고 있다. 20세기 초 에버네저 하워드의 전원도시론적 경험을 통해 현대도시사회로의 급속화가 인간성과 건강성을 상실함을 반추하면서 농촌의 목가적 전원성을 되찾는 지혜가 필요한 명소로 거듭나기를 바란다.

좌구산

좌구산은 충청북도 괴산군의 청천면, 증평군 증평읍, 청원군 미원면의 경계에 위치한 산이다. 증평읍 율리와 청원군 미원면의 산 능선 중에 솟아 있는 한남금북정맥에서는 가장 높은 산이다. 좌구산 인근에 자연휴양림과 율리휴양촌이 있어 등산과 더불어 산림욕과 야생화단지 관상, 허브 선용 등 다양한 야외활동을 할 수 있다. 임도시설을 활용한 MTB 노르딕워킹 코스 활용과 숲길 산책 등으로 수림경관의 감상을 즐기며 일상에 지친 몸과 마음을 맑게 해 준다.

주관찰 산행은 총길이 15.44km에 3~6시간이 소요된다. 1코스 산행은 율리휴양촌 → 임도 → 관리사무소 → 방고개 → 좌구정 → 율리휴양촌 등을 이어 가 4시간이 걸린다. 2코스 산행은 율리휴양촌 → 산림욕장안내판 → 제2 휴게소 → 정상 → 체력단련지구 → 율리휴양촌 등을 이어 가 3시간 반이 걸린다. 3코스 산행은 율리휴양촌

→ 좌구정 → 방고개 → 제1,2 휴게소 → 질마재 → 임도 → 점촌 마을 → 율리휴양촌 등을 이어 가 6시간이 걸린다. 각 코스의 산행경관은 산악과 농촌의 전소경을 다양하게 수반한다. MTB 코스는 율리휴양촌 → 임도 → 좌구산휴양림 → 교육체험지구 → 내봉 마을 → 물치폭포 → 점촌 마을 → 율리휴양촌 등을 거치는 길로 조화로운 경관이다.

증평군 쪽에서는 가장 높은 산이며, 보강천의 지류인 삼기천, 청안천이 발원하는 산이다. 〈신증동국여지승람〉, 〈여지도서〉에 좌구산은 "고을 남쪽 10리에 있다"고 기술하고 있다. 고종 8년에 편찬된 〈청안현읍지〉의 지도에는 좌구산이 읍치의 남동쪽에 그려져 있다. 〈조선지지자료〉, 〈조선지형도〉에서도 坐龜山좌구산이란 지명으로 기록하고 있지만, 현재 통용되고 있는 〈1:50,000 지형도〉에서는 座龜山좌구산이라는 한자 표기를 사용하고 있다.

좌구산은 산의 모양이 거북이가 앉아 남쪽을 바라보는 형상이라 하여 붙여진 이름이었다고 하며, 좌귀산이라고도 읽는다. 한자 표기를 달리해 坐狗山좌구산이라고도 하는데, 이는 조선 광해군 때 이곳에 은거해 인조반정을 모의하던 김치가 좌구산에서 개가 세 번 크게 짖어대는 소리에 깨어 몸을 피함으로써 훗날 인조반정을 성공시켰다고 해서 붙여진 이름이었다고 한다.

산속의 숲길은 산림이 울창하며 나무에서 나오는 피톤치드로 삼림욕에 적절하다. 산행길 옆으로 식재된 노송과 상수리나무 사이로 구릉과 산야가 올망졸망 얽힌 농촌경관이 아스라이 펼쳐지는 전展경을

이룬다. 길에서 조금만 벗어나도 하늘의 틈새조차 메워버리는 도토리 숲은 풍요로운 들녘의 영검을 보이며 녹음 속에서 산림경관을 연출한다.

좌구산 기슭의 자연휴양림은 심신수련과 경관치료를 가능하게 하는 산림자원의 선용 방법이며, 수목에 대한 인식을 제고시켜 산림보호를 생활화하는 데 유용하다. 아울러 근처의 삼가 저수지 일대는 생태 탐방로와 학습장이 있고, 증평 율리의 웰빙 타운은 녹색환경지구, 휴양휴식지구, 문화체험지구, 운동놀이공원지구 등 4개 지구로 만들어 녹색관광의 기능을 갖고 있다. 다양한 활동경관의 품격은 풍부함이며 각각의 풍경을 만든다.

현대물질문명은 경제성장을 도모하면서 자연환경을 적극적으로 활용하여 과학 기술의 발전을 도모한 결과로 얻어졌다. 그러나 자연에서 얻었던 자원은 고갈되어 가고 무한할 것이라고 여겨졌던 공기와 물은 경제활동이 가한 위해한 물질로 오염되면서 한계에 다다르고 있다. 지금까지의 인간 번영만을 위한 시각에서 벗어나 자연속의 인간이 살고 있는 장소를 고려해야 하는 장소번영을 위한 시각으로 전환해야 한다.

삼보산

삼보산은 충청북도 증평군의 증평읍과 청원군 내수읍, 북이면의 경계에 위치한 산이다. 증평 주민들이 주로 찾는 산으로 곳곳에 운동 기구들과 벤치가 있어 휴식과 휴양의 기능을 하고 있다. 산 속 약수 터는 시원한 물이 끊임없이 흘러 맑고 청아하다. 주민이 찾는 산행길은 총길이 14.75km에 이르며 여러 코스로 이뤄져 있다. 각 산행 코스는 다양한 산수경관을 갖는 전全경이 된다.

삼보산은 남동쪽의 좌구산에서 구녀봉으로 이어지는 한남금북 정맥의 전展경을 갖는다. 지명의 명칭은 세 가지 보물을 가지고 있다 해서 붙여진 것이다. 첫 번째 보물은 특이한 초수라는 탁 쏘는 듯한 물이다. 청원군 내수읍 초정리의 광천수와 증평읍 남하리에서 나오는 탄산약수다. 두 번째 보물은 이 산에 매장되어 있다는 금이다. 그리고 세 번째 보물은 산골이라는 광물질이다. 골절에 유용한 약재로 쓰인다고 한다. 삼보산 동쪽 기슭에 위치한 삼보사라는 사찰 지명을 통해 삼보산의 파생된 명명이 아닌가 한다.

불가에서 삼보는 심오한 뜻이 있다. 누구나 성불은 득도로 얻어지며 진리의 세계에 다다르기 위해 오성을 찾아 의지할 곳에서 비롯된다. 불가에서는 삼보라 하여 첫째로 불佛－부처깨달은 사람이고, 둘째로 법法－가르침부처가 가르친 진리이며, 셋째로 승僧－중부처의 가르침을 실천하는 사람이다.

삼보는 삼귀의로 이어진다. 첫째로 부처에 귀의함이다. 지혜와 복덕을 두루 갖춘 부처로 돌아가 의지한다. 부처는 무량겁긴 세월에 걸쳐 온갖 중생의 복전복밭이 되려는 원과 수행으로 무한 지혜를 배워, 생사의 이치를 알아 고통의 바다에서 벗어나 복덕을 쌓아 중생의 복밭이 되도록 마음을 가다듬어야 함이다.

둘째로 가르침에 귀의함이다. 탐욕을 버리고 법에 돌아가 의지한다. 법이란 석가모니 부처가 세운 경전에만 한정된 것이 아니라 모든 사물의 법칙, 즉 진리 자체를 말한다. 부처의 법, 진리를 실천함이다.

셋째로 승가에 귀의함이다. 출가하여 수행에 정진함은 물론 범어의 Sangha화합중인 부처의 뜻을 따라 수도하는 출가와 재가 남녀의 대중에게 귀의한다. 이타의 정신으로 서로를 존중해야 함이다.

　법당에서의 삼배는 삼보와 삼귀의를 뜻한다. 삼보에 귀의하여 정진하는 뜻은 부처의 가르침을 배워 그대로 실천에 옮겨 성불을 이룸에 있다. 선행의 근본은 인간이 자아를 찾아 이기심을 버리고 자연으로 돌아가는 섭리에 맞는 삶을 추구함이다. 경관이 귀한 삼보산의 감흥은 불심에 발원한 정경을 찾아 구도의 자세로 바라볼 수 있다는 즐거움이리라.

　경관은 관찰의 대상이 관상하는 사람에 의해 감흥을 달리한다. 경관에 이르는 과정과 경로에 따라 다르며, 관찰자의 경험과 식견, 의식에 따라 달라진다. 같은 경관이더라도 관찰 시각과 계절의 시의적 국면과 상황에 따라 다르게 다가온다. 경관을 관상하는 위치와 관찰점의 시각적 각도와 높이, 시간에 따라 감흥도 달라진다. 경관은 개성적이고, 개별적이며, 분화적이며, 총체적인 단일성과 복합성이 공존하는 인격처럼 스스로 경관의 품격을 갖는다.

이성산

　이성산은 충청북도 증평군의 증평읍 미암리와 도안면 화성리 경계에 있다. 증평의 역사를 간직하고 있는 곳으로 충청북도 기념물 제138호인 이성산성과 산자락 미암리에 고인돌이 위치하고 있다. 산행과 함께 유적지를 살펴볼 수 있는 곳이며, 등산로가 높지 않고 경사가 대체로 완만하다. 때때로 가파른 곳이 있어 산행의 묘미가 있고 운동효과가 있다. 부드러운 산세와 산림으로 가족이 함께 산림경관을 관상할 수 있고, 국면과 상황에 따라 생활에서 늘 가깝게 만날 수 있는 가족 관광지로 가치가 충분한 자원이다.

　등산로의 총 구간은 7.658km이고 정상으로의 산행은 2시간 이내다. 산행 코스는 주로 성요셉공원, 행정고개에 이르는 길이 3.56km이고 1시간 30분이 소요된다.

　이성산은 증평의 주산인 두타산에서 분기되어 이어진 산이다.

〈신증동국여지승람〉, 〈여지도서〉에는 杻城山축성산으로 나오며 "고을 서쪽 20리에 있다"고 적고 있다. 축성산을 뉴성산杻城山, 추성산杻城山이라고도 부른다. 〈조선지형도〉, 〈한국지명총람〉, 현재 발행된 〈1:50,000 지형도〉에서는 尼聖山이성산으로 표기되어 있다. 그러나 〈증평군지〉에서는 尼城山이성산이라는 한자 표기가 다른 지명을 사용하고 있다. 성터가 있는 산이란 뜻으로 이성산인 것이 아닌가 싶다.

이성산에서는 사철 언제든 누구나 와서 자연을 벗 삼아 삼림욕, 등산, 휴양 등 산행경관을 관상하는 즐거움을 맛볼 수 있다. 장관을 표출하거나 외경이 없고 산 정상에 오르지 않더라도 중도에서 편하게 소도읍과 농촌의 전숲경을 관상할 수 있다. 여기서 보는 전숲경은 특이한 경관이 아닌 평범하지만 그 중요성을 모르고 살았던 경관이다. 즉 보편적 경관성의 가치를 지니고 있지만 생활 속에서 없어선 안 되는 필수적인 생활경관이다.

일상에서의 생활경관은 귀하고 의미가 크다. 이성산이 가지고 있는 생활경관을 가깝게 둘수록 삶 속에서의 즐거움은 자주 찾아온다. 자주 오는 즐거움은 삶을 행복으로 이끄는 법이다. 보람된 삶은 정경을 자주 느끼면 가능하다. 가까운 산행경관을 관상하고 일상에서 산림경관을 늘 접할 수 있는 소도읍과 농촌의 삶이 즐거움의 연속인 셈이다. 무릉도원이 먼 곳에 있음이 아니라 삶의 근처에 있음을 깨우치는 이성산이다. 이성산은 숱한 선경과 비경이 있는 명소보다 일상의 생활경관을 알게 한다.

보강천

　　보강천은 증평군 도안면과 증평읍의 들판을 적시며 흐르는 증평의 젖줄이다. 증평의 상징적 자연하천인 보강천은 예부터 증평 뜰을 에워싼 채 흘렀다. 금강 권역의 금강 수계에 속하며, 금강의 제2지류다. 그 물길은 중심 시가지의 옆을 지나 제1지류인 미호천과 합류하면서 금강을 이룬다.

　　지방1급 하천, 지방2급 하천으로 나누어져 있으며, 지방1급 하천은 유로연장流路延長 21.9km, 하천연장 11km, 유역면적 157.71km^{2}다. 지방2급 하천은 유로연장 10.9km, 하천연장 8km, 유역면적 79.82km^{2}다. 괴산군 소수면과 사리면 중흥리에서 시작한 지방2급 하천은 사리면 소매리에서 소매 저수지를 형성하고 보광산, 백마산 등에서 발원하는 지류를 합류하여 남서류한다. 그리고 증평군 증평읍에서 도안면과의 경계를 이루면서 지방1급 하천이 된다. 이후 청원군 북이면에서 미호천으로 흘러든다.

보강천은 〈신증동국여지승람〉에는 반탄천磻灘川; 금모래가 반짝이는 내으로 나온다. 거기서는 "반탄천은 고을 서쪽 27리에 있다. 그 근원이 셋이 있는데 하나는 진천현 북쪽에서 나왔고, 하나는 음성현 박이현에서 나왔으며, 하나는 좌구산에서 나와 청주 오근진으로 들어간다"고 적고 있다. 반탄천 지명은 현재도 반탄교, 반여울교 등의 파생 지명으로 남아 있다. 보강천 지명은 1927년 조선총독부가 공포한 조선하천령에 의해 정해졌다.

보강천과 좌구산에서 발원한 삼기천이 합류하고 증평읍의 남쪽을 병풍처럼 두르고 있는 두타산에서 발원한 지천들 또한 보강천과 합류하는 지점에 생태공원을 만들었다. 호랑버들, 개나리, 회양목 등 4과 4종의 특산식물과 소리쟁이, 메귀리, 애구수영, 다닥냉이, 말냉이 등 9과 21종의 귀화식물이 있다. 주관찰로인 산책 길은 보강천 체육공원에서 출발하여 습지를 걷고 징검다리를 건너 수변식물의 생태를 보면서 원점으로 돌아오는 총 거리 2.7km다. 산책 길을 돌아보면 회유경관이 된다. 물가에서의 풍경을 더 친근하게 만드는 요소들이다.

보강천의 경관은 부드러운 선형의 하천과 천변, 넓은 둔치와 제방, 함께하는 도로와 건물, 아담한 교량과 생기 있는 물섶, 흥취 있는 돌다리와 여울 등을 아우르며 시각적 평온을 준다. 또한 증평 읍내에 이르러 항시 유유히 흐르며 깊지 않은 수심은 넉넉한 평지를 따라 흘러 가까이 하기 쉽다. 보강천에 서면 넓은 들과 시가의 전全경을 볼 수

있다. 하천경관은 총체적 형상이 시각적으로 정적이지만 여울져 갈 때의 물소리로 동적인 물의 심미성에 바탕을 둔다. 상시 고요한 물길이 잔잔하게 흐르는 하천일수록 시각적으로 더 강조되는 수경관이 지닌 수평적 전展경을 지닌다. 또한 주변의 건조환경과 조형물이 물 위로 펼쳐지는 전개경관의 반사된 모습으로 유유하게 하늘거리는 실루엣을 만든다.

보강천의 하류로 갈수록 하천 폭이 넓고 둔치가 광활하다. 물 내음의 수변에 형성된 둔치가 더 넓게 펼치면서 파노라믹한 수변경관으로 물가에서의 흥미가 낭만적으로 끌리기 때문에 시각적 변이가 활발한 경관상 동적 요소보다는 정적 요소가 강조된다. 미학의 관점에서 보면 도시의 압제성이 강한 수직적 변화에서 벗어나 수평적 요소가 강할수록 더 자유롭고 평온한 경관적 안정성을 갖는다.

보강천은 물 섶에 접근할수록 물 내음과 여울지는 물소리가 크게 다가온다. 또한 주변 조형체의 반사로 물가가 더 흥미로워진다. 이에 미학적 감흥은 점증되어 물가의 하천경관이 매력적으로 변한다. 보강천은 증평의 보물이며, 금강의 젖줄의 발원임에 충청인의 마음에 길이 남을 값진 물길임이 틀림없다.

비나리길

비나리길은 충북 증평군 증평읍 율리에 있다. 율리 364-4번지에 있는 노인회관에서 경로당 앞은 율리삼거리이고, 이곳에서 미원 방면으로 고색길을 오르면 고갯마루에 닿게 된다. 이 고갯길에서 산림의 전展경이 펼쳐진다. 예부터 분티라 불렸다. 분티에서 보는 좌우 능선은 산세가 부드러우면서 점증적으로 산악경관이 켜켜이 펼쳐지는 장관을 보인다. 주관찰로를 따라가면 경관이 장대한 만큼 울창한 산림의 수목도 쭉쭉 뻗어 우람하며 싱그럽다.

좌구정 산림공원이 조성되어 있는 분티는 증평과 청원군 미원면을 잇는 도로다. 지금의 도로가 생기기 전 이 길은 솟점말, 밤티, 삼기 등 세 마을 사람들의 동네 길이었다. 사람들을 만나게 하고 서로를 알아가며 소통을 이루던 삶의 길이다.

산언저리 마을을 통틀어 율리라 일컫는다. 분티 고개 너머에 방앗간과 주막거리가 있어서 방아를 찧거나 음주를 위해 넘어 다니던 길이다. 분티 너머 마을 이름은 고갯길 그대로 분티다. 분티는 거리는 짧지만 경사가 심해 험한 길이다. 소달구지가 오르기 어려워 들것에 의지해 겨우 물건을 나르거나 지게 짐을 지고 넘어 다녀야 했다. 동네 사람들이 분티 마을에 볼일이라곤 방아 찧기가 전부였기에 고갯길을 넘는 일은 서로의 만남을 위해 쌀가마를 지고 오르내리던 고단한 길이었다. 옛 상황이 그려지는 상상경관이 다가온다.

옛 길 분티에 조성된 좌구정 산림공원은 옛 정취가 물씬 나는 전승 공간이 곳곳에 숨어 있다. 그 공간을 옛날로 회귀하는 상상을 하며 쉬엄쉬엄 지날 수 있도록 비나리길을 다듬었다. 마을 사람들이 지게 짐을 지고 다니던 옛 길에는 어김없이 쉼터가 있었다. 그 쉼터는 운치를 지닌 회상경관이다. 이러한 공간을 주민과 도시민의 건강쉼터로 바꾸어 증평군이 자연적인 공원에 조성해 놓은 것이 비나리길이다. 길섶에 3대 종교를 의미하는 세 곳의 쉼터와 1008개 세심의 계단을 냈다.

비나리길

근심 내리고 소망 올리는 아름다운 길이 상징적이다. 근심을 내리면 마음이 비워지며 무거웠던 짐도 가벼워진다. 가벼운 짐에 발걸음도 가벼워지며 가는 걸음이 흥겹다. 흥이 나면 새로운 희망을 낳도록 하는 마음을 다잡아 준다. 다잡은 마음은 소망을 기른다. 그 끝에서 마주하는 증평 제일의 풍광 비나리길은 숲의 향기를 듬뿍 들이마시고 도시생활에 찌든 마음과 몸을 내려놓을 수 있는 청정한 공기로 상쾌한 숲 속 산책로다. 이어지는 길은 새로운 마음을 열어 가며 옛일에 머물기보다는 내일을 생각하는 상념을 가져다준다. 생각하게 하는 길에서 보이는 시각적 흥미는 소망경관을 시현하며 정경을 이끈다.

누구든지 비나리길을 따라 내려가며 근심을 내려놓고, 길의 끝에 삼가 저수지가 있어 산수경관이 조화를 이루는 전숲경을 바라보면 마음을 열어 놓을 수밖에 없다. 열린 마음은 발길을 재촉하여 옛 길을 다시 오르게 하고 희망의 씨앗을 품고 소망을 갖게 한다. 다 내려놓은 마음에서 보았던 길의 아래에서 만나는 삼가 저수지의 운치 있는 풍경을 뒤로하고 희망을 싹 틔울 양으로 오르면 정상에서는 소망을 일깨운 산수경관에 어울리는 삼가 저수지를 관상하며 가경을 볼 수 있다.

거북이별 보러 가는 길

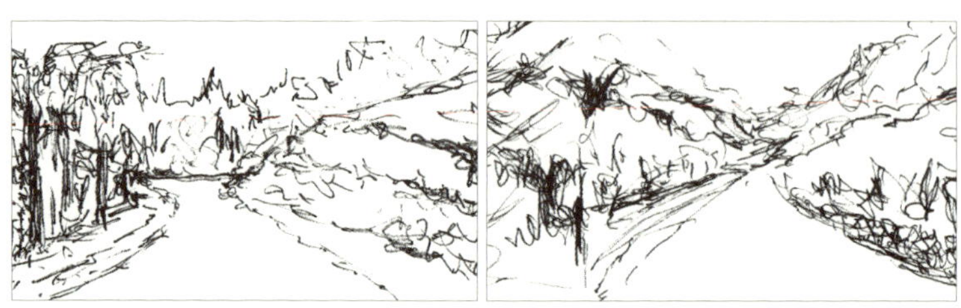

거북이별 보러 가는 길은 충북 증평군 증평읍 율리 487-1번지에서 찾을 수 있다. 차를 이용하려면 중부고속도로 증평IC를 통과하여 만나는 첫 사거리에서 9시 방향으로 우회전 후 계속 직진으로 6.3km를 가서 전방 연탄사거리에 닿는다. 이 지점에서 우회전 후 다리를 건너자마자 좌회전 후 직진하면 군청사거리가 나온다. 이곳에서 우회전하여 계속 직진으로 1.8km를 간 뒤 전방 증천교삼거리에서 미원 방면으로 우회전 후 계속 직진으로 6.0km를 가면 전방 율리삼거리다. 여기서 10시 방향으로 직진하면 율리삼거리 직전 왼쪽 길 건너에 율리휴양촌이 있는데, 여기서부터 거북이별 보러 가는 길이 시작된다. 산림과 하늘이 맞닿아 녹색과 푸른색이 대비를 이뤄 주관찰로상에 수림이 울창한 전숲경이 손에 잡힐 듯 친근하다. 좌구산 산허리의 임도를 이용하여 산림과 숲 속 길이 운치 있는 조화를 이룬다.

2011년 8월에 시작한 거북이별 보러 가는 길은 2011년 12월에 만들어졌고, 그 이후 숲 속의 풍경을 돋보이게 가다듬었다. 국면과 상황에 따라 달리 만들어진 공간은 즐거움과 건강함을 주는 녹색공간이다. 녹색이 주는 심리적 안정감은 산림이 주는 아늑함에 온화한 감정을 이끈다. 더불어 주변에 숲이 우거져 있어 삼림욕 효과를 누릴 수 있는 웰빙참살이을 주제로 한 건강한 걷기 코스로 활용될 수 있다. 녹색의 정겨움이 보는 이로 하여금 편안하고 화평을 가져다 준다.

좌구산휴양림으로 거북이별 보러 가는 길이 이어져 주변 숲과 숲 사이로 나타나는 가경은 심미성을 유발하는 명소를 낳는다. 푸르름으로 뒤덮인 울창한 숲의 경치를 즐기며 방고개 고갯마루까지 스펙터클로 펼쳐진 몇 차례의 전展경을 만난다. 굽이굽이 돌아가는 길의 회전은 시각적 물리량을 다양하게 표출하며 흥미를 더해 간다. 시각적 산림경관의 변화는 명도의 변이를 만들고, 해돋이나 해떨어지는 장관을 보는 재미도 있다. 계절마다 산의 채색이 달라지며 다채로

거북이별 보러 가는 길

좌구산 천문대

운 색조의 조화를 이루고 있다. 그리고 오를 수 있다.

율리삼거리에서 방고개 고갯마루까지 연결되는 3.9km. 왕복 7.8km의 이 구간은 산골 마을 율리의 전全경이 펼쳐지고, 좌구산의 산세가 한눈에 들어오는 전展경의 장관을 관상할 수 있다. 오행에 따른 외연적 경관의 오경에서 전全경이 국면과 상황에 따라 내연적 경관의 전展경이 대비됨을 알 수 있다. 내연적 경관은 가경이 있음에 전展경이 펼쳐지고 전展경이 보이면 배경이 산다. 배경이 있어 풍경이 형성되고 풍경이 있어 가경이 좋다. 결국 가경은 아름다움이지만 배경을 어떻게 두고 있느냐에 따라 그 심미성을 발휘하거나 반대로 억제하기도 한다. 경관의 내연성과 외연성이 발휘되느냐, 혹은 억제되느냐를 알 수 있는 경관성 검토의 명소다.

특히 좌구산 천문대는 길의 끝에서 만나는 별의 세계를 상상하게 하는 상상경관을 만든다. 낮에는 마음속에 빛나는 별이 있다면 밤에는 검은 하늘에 총총히 빛나는 별이 반짝이는 셈이다. 이곳은 누구나 쉽게 찾을 수 있는 별 세상이다. 좌구산 천문대의 굴절망원경을 통해 태양을 관측하는가 하면 성운, 성단, 행성, 달 등을 관측할 수 있어 은하의 외경을 볼 수 있다.

진천 8경

진천 농다리와 고갯길

농다리

　고려시대에 만든 농다리는 충북 유형문화재 제28호로 진천군 문백면 구곡리 601-32번지에 있다. 구곡리 굴티마을 앞을 흐르는 세금천에 놓여 있다. 사력 암질의 붉은 돌을 쌓아서 만든 다리로 우리나라에 남아 있는 가장 긴 옛 다리다. 석회를 바르지 않고 그대로 쌓았지만 견고하며, 장마가 져도 유실됨이 없이 원형을 유지하고 있다.

　농다리와 세금천은 소담스런 교량경관을 이룬다. 천년의 숨길이 어린 곳으로 과거 고려인들의 왕래를 돕는 길이었다. 험난한 물길 위로 놓인 다리는 겸양과 희생경관의 상징이다. 사이몬과 가펑클의 노래 〈내가 험난한 물 위에 다리〉라는 의미는 나를 버리고 남을 살리는 희생정신이 있기 때문이다. 희생의 상징인 다리가 되어 편한 만남과 오고 감을 쉽게 하는 자태는 거친 풍파를 이겨 낸 모습이다. 숱한 홍수에도 끄떡없는 천세의 돌다리의 엮임은 강물을 아우르며 물길을 여는 조화로움이 있는 전소경이다.

산울림이 이어지는 산벽을 비스듬히 안고 고을로 내닿는 길을 자연스럽게 낸다. 설령 넘치는 강물에도 굳건히 버티며 유연하게 물 흐름을 내주는 겸양의 다리다. 노자의 상선약수를 시현하고 있다. 징검다리를 이어 가는 돌다리의 형상은 한국인의 한을 담은 얽힘의 모습이다. 돌다리의 밑돌은 회한을 위한 승무의 고깔 형상이며, 이음새의 맞돌은 버선의 모습이다. 물 섶을 이어 가는 부드러운 엮임은 한복의 배래선을 닮았다. 옛 조상들의 멋스러움을 느낄 수 있다. 그러한 선과 면은 한국의 산야에 어울리는 멋을 지니고 있다. 곳곳에 정경이 어린다.

농다리 전체는 빠름을 위한 곧은 다리보다 논둑길처럼 조금씩 틀어 가는 여운을 더한다. 완곡이 스며든 돌다리가 자아내는 자연스러운 선형이다. 구부릴 만한 곳에서 조금씩 휘어 강물을 여울지게 하며 물소리를 내는 운치는 하천과 교량이 하나 됨에 있다. 강과 다리가 조화로워 물 섶과 돌 섶이 걸맞다. 농다리야말로 물과 돌이 어울린 여운 경관의 극치다.

세금천의 물이 여울져 내는 소리는 다리의 교각과 교반을 지나며, 더욱 귓가를 맴돌게 하는 매

농다리

력이 있다. 물살을 빨리하며 포말을 그리는 물 내음은 다정한 시골의 흥취를 느끼게 한다. 농다리 교량경관의 시청각 심미성이 후각을 자극하여 끌림을 더한다.

구곡리 굴티 마을 앞에 놓인 농다리의 위상은 교량 폭원이 이동하는 우마차와 보행에 최적의 수치를 지녔다. 사람의 어깨 폭 60cm로 보면 최대 6인이 지날 수 있고, 우마차가 편리하게 지날 수 있다. 교량 석재의 배치와 구성에 있어 홍수시의 부력을 감안하였다. 돌의 형상과 부재의 용도에 따라 얽힘과 맞물림의 구조를 일체화하여 부력과 압축, 전단에 대한 대응력과 하상 지반의 지내력을 갖도록 하였다. 옛 선조들의 지혜로움을 느낄 수 있는 귀한 경관이다.

농다리 교량경관은 주변 산야와 물이 어울려 이용자와 관조자에게 오감으로 아름다움을 느끼게 한다. 돌의 놓임과 세움이 바르며 큰 돌과 작은 돌의 쓰임에 흐트러짐이 없다. 현장에서 만든 바닥돌, 놓임돌, 세움돌, 다짐돌, 이음돌, 누임돌, 굄돌, 사잇돌, 채움돌, 모재비돌, 모두가 다리로서의 기능을 다하고 있어 아름답다. 어지러운 세태에 제각기 이기적이고 남을 딛고 서려는 세상에 농다리의 희생경관을 느끼며 한국의 멋과 맛을 알아가게 하는 곳이다. 고귀한 천년의 숨결을 느끼며 홍익 한국인의 얼을 되찾게 하는 존치경관의 다리다.

초평 저수지

　　초평 저수지는 충북 진천군 진천읍 건송리에 있고 농업용수를 위한 인공 담수호다. 미호천 상류를 가로막아 영농 목적으로 만들어 청원군 6개 면에 급수하고 있으며, 전국에서 손꼽히는 낚시터로 더욱 유명하다. 외형적 규모는 저수량이 1378만 톤이며, 진천군 관내뿐만 아니라 청원군 오창, 북일, 북이, 옥산, 강서 등지까지 물을 대고 있다. 몽리면적은 2000정보다. 만수 때의 면적은 259정보로 저수지 주위 연장선이 29km에 달하며, 수로의 직선 거리는 약 64km에 이르고 있다. 영농 기능은 약해졌지만 한해 관광객이 8만여 명이 찾아올 정도로 진천의 대표적인 관광지가 되었다.

　　고즈넉한 호반은 티 없이 맑은 물을 담고 있어 푸른 수림과 파란 하늘을 반영하는 순수경관이다. 때론 구름이 흘러가는 투영은 호반의 운치를 더한다. 물안개가 껴 호반의 숲이 어른거리는 양상은 신비경관을 연출한다. 호수경관은 미지를 함의하는 미스터리다. 호수는 주변 사물을 잔잔히 어려내지만 바람이 불거나 비가 오는 날이면 흐트러지며 어지럽다. 이는 고요와 사색을 이끈다. 호숫가 명상은 어지러운 생각이 평정심을 찾는 첩경이다. 호수경관은 시의성이 강하다. 변화에 격동하는 호반의 상상은 시의경관을 창출하는 힘이다. 어제 오늘, 그리고 내일을 함축하는 호수는 정적이며 동시에 동적이다. 호수의 고요함은 정적 역동성이 있고, 호수에 수평적 실루엣이 다양하여 정경을 이룬다.

호반의 국면경관과 시의경관은 역동적이다. 수림의 종류와 구성이 관찰점과 관찰 각도에 따라 다양하다. 국면경관이 변화되며 시각적 구도와 범역이 달라진다. 태양의 입사각과 일조의 양에 따라 음양의 그림자가 달라진다. 태양과 달빛의 반사가 달라지며, 다양한 시각적 구조를 만들며 호수경관의 감지를 달리한다.

호수는 시시 때때로 출렁이는 파도를 수용하며 일렁이는 물 섶을 지녔다. 시의적 경관을 돌이켜 보면 어제의 경관은 역사경관이고 오늘의 경관이 현재 상황에 주어진 선물경관이라면 내일의 경관은 미스터리경관이다. 시의적 경관이 역동적인 특성을 갖기 때문에 더욱 변화가 심한 국면경관을 표출한다. 청정과 고요, 신비를 담는 호수경관은 수평적 청정함으로 시청각적 감흥과 후각

초평 저수지

적 매력을 갖는 비경이다.

호안의 선형은 다양한 형상을 만들고 다채로운 수림과 지형적 지성의 음영은 개성이 넘친다. 개별적 호안경관의 국면과 시의가 변화무쌍하다. 관찰 대상이 사색을 유도하는 힘이 있으며 호수와 호안의 감상을 관조하거나 관상을 포용한다. 관찰이 심오해지면 시감이 떠오르며 서정성이 고취된다. 귀한 품격의 호수경관이다.

호수에 일렁이는 잔잔한 파도와 포말은 수평성이 강조된 수경관의 심미성이 발휘된다. 호숫가에 이르면 누구라도 시적 운율이 떠오르며 평온한 그림의 구도가 시화로 전달된다. 호숫가에서 사랑의 메아리가 울려 퍼지는 이유가 있다. 아름다운 고요와 평정된 물이 찰랑이는 소리가 너그러움으로 마음을 가득 채운다. 호숫가의 연정이 낭만경관의 상징으로 다가온다.

길상사

충청북도 진천군 진천읍 문진로 1411-38번지에 있는 길상사는 김유신 장군의 사당이다. 신라 때 창건했고 조선시대 임진 병자 양란으로 병화를 입어 폐허가 되었다. 이후 철종 2년 백곡 가죽리 죽계사 자리에 계양모를 건립하였고, 1926년 도당산에 진천 길상사를 재건하였다. 1975년에 정화사업을 실시하여 중건되면서 지금의 규모를 갖추었다. 그해 2월에 충청북도 기념물 제1호로 지정되었고, 진천군에서 관리한다.

본전에는 "흥무전으로 철근콘크리트조 기와집으로 정면 5간, 측면 2간, 주심포 8작 집이다. 그 안에 영정을 모시고 있다. 바깥뜰에는 1957년에 세운 흥무대왕신성비이선근이 글을 짓고 김만희 씀와 안뜰에는 1976년에 세운" 김유신장군사적비가 있다. 사당의 입구에는 같은 해에 세운 진천 길상사중건사적비가 있다. 귀한 품격의 경관자원을 지닌 풍경이다. 〈세종실록지리지〉에 따르면 신라 때부터 장군의 태胎가 묻힌 태령산 아래 사당을 건립하고 국행제를 지내오다가 조선 태종 때부터 관행제로 치제하였음을 알 수 있다.

김유신은 만노군태수 김서현의 아들로 진천에서 출생하였다. 진평왕 31년에 화랑이 되고, 낭비성 싸움에서 공을 세워 압량주 군주가 되었다. 이후 선덕여왕 때 상장군이 되었고, 진덕여왕 때는 백제 12성을 함락하여 상주 행군대총관에 올랐다. 무열왕 7년에는 상대등으로 당군과 연합하여 백제를 멸망시켰고, 나당연합군의 대총관이 되어 고구려를 정벌하고 태대각간이 되었다. 그리고 한수 이북의 고구려땅 일부를 수복하여 삼국통일을 이뤄 흥무대왕으로 추존되었다. 1400년의 역사 속에서 추존을 받았던 유구한 세월이 어려 있는 국가적 기념 공간이다. 민족적으로 전승되어야 할 가치와 문화적 자산으로 보존되어야 할 장소다. 또한 국토 내에서 민족사적으로 여러 가지 함의되는 장소성을 지닌 공간이다. 충청북도에 있다고 해서 관리상 충북의 기념물이라고 보존관리되기보다는 시대와 장소를 아우르는 국가적 기념물로 남아 있어야 할 당위성을 지녔다. 민족적 기상과 지역적 분파를 통합하고 통일을 지향하는 시대적 정신을 북돋는 터전으로 귀한 품격의 풍경을 잉태한다.

그러한 맥락에서 보면 사당의 규모가 작다고 볼 수 있다. 처음 조성될

때 사당의 기능을 원활하게 하기 위해서는 규모보다 공간 구성 기능이 중요했다. 그러나 입지와 위상을 거국적, 거족적으로 보면 배후와 전면, 좌우 측면에 있어야 할 기능적 공간역과 유보적 여유 범역이 협소하다. 하지만 사당의 건물 배치와 참배를 위한 공간의 기능은 추존과 명상, 참배를 위해 전형적인 삼단의 공간 구분 형식을 갖고 있다. 전통적 사당경관을 함축적으로 나타내고 있는 전全경이다.

길상사에서의 감흥은 관조경관이 전개되는 데 있다. 누구라도 사당의 참배를 마치고 돌아서는 순간 진천읍과 진천 들이 어우러진 농촌 평야경관과 소도시경관이 관조되면서 명상에 젖는다.

정송강사

충청북도 진천군 문백면 송강로 523번지에 소재한 정송강사는 송강 정철 선생의 위패를 봉안한 사당이다. 1976년 12월 21일에 충청북도 지방기념물 제9호로 지정되었고, 진천군에서 관리한다.

선생의 묘소는 원래 경기도 고양군 원당면 신원리에 있던 것을 현종 6년에 우암 선생이 지금의 묘소로 자리를 정하고 그의 후손 정양이 이장하여 사우祠宇를 창건하였다. 그 후 규모가 작아 1979년에 전면 신축 정화를 위해 착공한 후 1981년에 중건하였다.

사당은 목조 19평 맞배지붕이고 유물전시관은 시멘트, 목조 32평 8작 지붕으로 되어 있다. 경내에는 송강묘소와 신도비가 있으며 송강 선생의 은배, 옥배, 그리고 연행일기 65일분과 친필편지 등이 보관, 전시되어 있다. 외부 공간은 송강 선생의 넋을 기리기 위해 참배와 회한을 고려한 식재가 이뤄져 있다. 전형적인 식재 위요경관을 표출한다.

정송강사 왼쪽 마른 억새풀이 우거진 300여m의 오솔길을 옆으로 타고 오르다보면 정철 선생의 묘소가 나온다. 정철 선생은 조선시대의 정치가로 좌의정을 지냈으며, 우리나라 가사문학의 대가로서 자는 계함, 호는 송강, 본관은 영일이다. 기대승, 김인후 등의 문인과 명종 16년 진사와 별시문과에 장원, 지평을 거쳐 함경도 암행어사를 지내고, 율곡과 함께 사가독서의 은전을 입었다. 임진왜란 때 임금을 의주까지 호종_{임금이 탄 수레를 호위하고 따르다}하였고, 삼남 체찰사가 되어 국난 극복에 힘썼다.

송강 선생은 한국고문학사에 큰 업적을 남겼다. 선생이 강원도 관찰사를 거쳐 전라, 함경도 관찰사를 지내는 동안 천부적인 문재를 발휘하여 〈관동별곡〉, 〈훈민가〉를 지었고 그 뒤 낙향하여 사미인곡, 속미인곡 등 많은 가사와 단가를 남겼다.

〈관동별곡〉은 문학사에 길이 남을 보배이며 국토경관사에도 소중한 보감이다. 자연에 대한 통찰과 경관에 대한 심미안으로 풍경을 예찬하였다. 관동팔경에서 금강을 "아름다운 금강산의 참모습이 여기서야 다 보인다. 아아, 조물주의 솜씨가 야단스럽기도 야단스럽구나. 저 수많은 봉우리들은 나는 듯하면서도 뛰는 듯도 하고, 우뚝 섰으면서도 솟은 듯하니, 참으로 장관이로다. 또 연꽃을 꽂아 놓은 듯, 백옥을 묶어 놓은 듯, 동해를 박차는 듯, 북극을 괴어 놓은 듯하구나…"라고 노래했다. 어느 구절 하나라도 한국인의 가슴에 와 닿지 않는 것이 없는 가사다.

이는 한국적 풍광이 아름다운 글로 남겨져 감흥을 일으킨다. 풍

치를 관상하는 대상으로만 보지 않고 감정을 이입하여 온 마음으로 느끼게 하는 사랑의 땅으로 승화시켰다. 땅을 아끼는 마음이 샘솟고 국토를 사랑하는 마음이 절로 우러나온다. 관동의 금강이 수려함을 가졌으니 민족의 자존과 긍지를 느낄 수밖에 없다. 읊조리는 가사마다 민족의 얼이 담겨 부드러운 시재로 순화되며, 아침의 신선함을 지닌 은근과 끈기의 민족적 정서에 맞는다.

사당은 건물 배치와 공간의 기능이 중요하다. 숭배할 혼백을 모신 영정과 신주는 국가를 보우하사 후손뿐 아니라 인류가 참배를 위한 건축이 이뤄져야 함이다. 현재 산기슭에 자리한 정송강사의 참배 공간 기능은 추존과 명상, 숭배를 위해 전형적인 삼단의 공간 구분 형식을 갖고 있다. 외부 공간의 참배와 명상을 위한 여지는 주변 산림의 배경으로 위요되어 있다. 참배와 명상을 위한 위요경관의 전래적 형식을 지녔다. 이는 귀한 품격의 풍경이다. 사당에서의 경건함이 참배 후 이뤄지는 회상이나 명상에 젖어 들게 한다. 공간과 산세가 어울려 자리 잡은 아늑함이 있는 전경이다. 사당 입구에 우두커니 서 있는 느티나무 거수목의 형태와 녹음이 정철 선생에 대한 참배의 시간을 영원으로 이끄는 힘을 가진 듯하다.

두타산

충북 진천군 초평면 영구리 산30-1번지에 소재한 두타산은 진천군 초평면, 괴산군 도안면과 증평읍의 경계를 이루고 있다. 두타산이란 산 지명은 단군이 팽우에게 높은 산과 냇물 등 산천을 다스리게 했던바, 하루도 빠짐없이 비가 내려 온 산천이 모두 물에 잠기게 되자 높은 곳으로 피난을 가야 했을 때 팽우는 이 산에 머물게 되었고, 산꼭대기가 섬처럼 조금 남아 있었다고 하여 두타산이라 이름 지었다고 한다.

멀리서 두타산의 능선 스카이라인을 바라보면 부처가 누워 있는 모습을 지니고 있어 불자에게는 불심을 샘솟게 한다. 상민의 심정을 이해하는 듯한 정경으로 다가온다.

두타산은 진천의 상산팔경 중의 하나인 고찰 영수암을 산자락에 품고 있다. 저막한 산사의 은은한 종소리와 함께 산악과 구릉이 조화

를 이루는 산릉경관의 아름다움을 간직한 명산이다. 산행 중 지나온 길을 뒤돌아보는 회환回還경관은 산속에 흩어진 조릿대 사이로 평야와 구릉이 아스라이 펼쳐지며, 점점이 농촌 마을이 옹기종기 모여 정겨운 전개경관으로 펼쳐진다.

정상 부근 삼국시대에 쌓은 석성인 두타산성 터가 삼국의 쟁투로 오랜 풍상을 견디면서 삼국의 흥망성쇠의 아픔을 간직한 채 흔적만 남아 있다. 역사적 유물과 유산이 흩어져 있던 입지를 찾다보면 삼국의 전장을 돌아볼 수 있는 계기를 마련해 준다. 천년의 시간이 유수와 같이 흘렀음에 현대사회의 아노미anomie로 인간의 이기적 물질문명의 폐해를 돌이켜보지 않을 수 없다. 아스라이 보이는 산자락과 들녘을 듬성듬성 어지럽게 파헤친 도로와 농촌 마을 속 아파트는 자연성을 상실해 가는 현대사회의 단적인 위기 현상을 노출한 아노미경관이라 할 수 있는 전全경이다.

두타산 정상엔 삼국시대의 석성이 자리하고 있다. 역사적 유물과 전승 공간이 경관 소재로 적합하다. 석성의 허물어진 모습은 천년의 회고로 이어지고, 세월의 무상은 정겹던 농촌 마을이 사라지는 국면경관을 느끼게 하는 정경으로 이끈다. 귀한 품격의 경관이다.

회환의 상념을 떨치고 사방으로 펼쳐지는 산세는 발아래로 부드러운 구릉과 나지막한 산들이 켜켜이 다가오는 한국적 산야경관을 표출한다. 산과 들 사이로 간간이 작은 저수지와 가느다란 수로로 씨줄과 날줄을 엮어 가는 평야경관을 관상할 수 있다. 두타산의 기암은 정상에서 8부 능선에 이르는 도중에 심심찮게 자리하고 있고, 바위와 수목이 어우러져 다채로운 색조와 기묘한 형상으로 암수경관을 연출한다.

수림 사이로 드문드문 정겨운 농촌 마을이 포근하게 자리한 산기슭이 눈에 띄며, 활기차게 뻗어 간 두타산의 정기가 살아 있는 배산背山의 소박한 정경이 이뤄진다. 마을 앞으로 소하천이 굽이쳐 흐르는 임수臨水의 아늑한 풍경이 그려진다. 마치 마을의 뒷산이 길게 성을 쌓아 놓은 것 같은 형국이 관조되면서 마을 앞에는 넓은 들이 전개되는 농촌 전개경관이 관상된다. 한국 농촌 마을의 관조경관이라 할 수 있다.

두타산의 기운을 받은 마을에서 자라면 온유한 품성과 겸양의 미덕을 아는 본성으로 은둔과 끈기가 있는 한국인의 참모습을 갖게 한다. 전래 설화에 의하면 "염라대왕이 저승에 온 두 망자 중 … 진천은 사람 사는 곳이라, 진천서 온 사람을 살려 보내라"했던 삶터다. 한국인 모두에게 그리운 고향과 같은 전全경이 그려지며, 마을 사람이 서로 도와 가던 품앗이가 이뤄졌던 정신적 본향의 모습이다. 언제라도 달려가고픈 고향의 푸른 들판과 맑은 물길 사이에 자리한 마을 사람들이야말로 생거진천인生居鎭川人이다.

만뢰산

만뢰산은 충북 진천군 백곡면 대문리 산2-9번지 일원에 있다. 고구려시대에 지명을 본떠 진천에서 가장 높은 산으로 금물노산, 만노산, 금로산, 금노산, 이흘산 등으로 불렸다. 주능선은 충청북도와 충청남도를 가르는 경계선이다. 정상에는 화가 최양호가 제작한 장승이 세워져 있다. 이 장승은 한자 뫼 산의 형태를 갖추고 있다.

진천읍에서 충남 쪽 34번 국도를 따라 천안 가는 길에 병풍을 두른 듯 준엄한 바위가 우뚝 솟아 병정들이 대검과 긴 창을 들고 서 있는 듯한 휴암산이 눈에 띈다. 국도를 벗어나 북으로 미역수 마을이 나온다. 신라시대 빈대로 망한 큰길이 있었던 곳으로 절에서 미역을 빨면 그 물이 동네까지 흘러내렸다는 전설로, 혹은 선녀가 내려와 목욕을 하는 형국이라는 전설로 미역수라 한다. 사석에서 약 10km가량의 연곡계곡이다. 계곡을 따라 올라가면 현재는 밭으로 되었지만 집터가 완연히 남아 있는 김유신 장군의 생가가 있는 계양 부락과 군자터가 나온다. 옛날 담을 쌓았던 돌만이 밭가에 쌓여 있어 흔적경관이 인상적인 정경이다.

백곡면 대문리 하수문 마을에서 시작하는 주 산행은 6.8km다. 정상 일대에 김유신 장군의 부친 김서현 장군이 쌓았다는 옛 성터 흔적이 남아 있다. 그 중앙이 되는 정상에는 지금은 메말라 버린 우물터가 있어 신라인의 자취를 느낄 수 있다. 정상에는 헬기장이 있고, 1984년에 삼각점을 세웠다. 시야에 연곡 저수지와 몽각산이 전망된다. 소박한 한국 산야를 품은 전형적인 농촌배산임수背山臨水경관인 전全경이다.

하산은 정상에서 동쪽으로 완만한 능선을 따라 농촌배산임수의 원경과 중경을 관조하며 내려오면 근경으로 보련 마을이 잡힌다. 마을에 보탑사 삼층목탑이 지표다. 지표를 지나 내려가면 연곡지가 나온다. 연곡지는 얼음낚시로 유명하고, 작은 길을 내려가면 계양 마을의 담안밭에 흥무대왕 김유신의 생가다.

연곡리 보련 마을에서 시작하는 또 다른 산행 코스는 7.5km 거리다. 하산할 때 동북쪽으로 난 능선길을 따라 내려가면 점증적 산악경관이 원근을 달리하며 수림 사이로 진천평야가 펼쳐진다. 진천읍 상계리, 연곡리는 삼국시대 신라와 고구려의 국경 지대였다. 진천평야의 배경인 만뢰산에는 태령산성과 만뢰산성이 있다. 또한 고려시대 큰 절터로만 전해 오던 연곡리 비립동에는 고려 초기에 만들어진 것으로 추정되는 보물404호 백비가 있다. 백비는 논 한가운데 있던

것을 정화하여 비각을 세운 뒤 보탑사 경내에 보존하고 있다. 연곡사지와 관련된 삼층석탑이 함께 있으며 이는 귀한 품격의 산행경관자원으로 자리 잡고 있다.

1992년 5월에 부지 4천여 평, 연면적 170평, 탑고 54m인 보탑사를 착공하여 1층 본당인 금당에는 심주를 중심으로 사방불석가여래, 비로자나불, 아미타불, 약사여래을, 2층 법보전에는 불, 법, 승 3보 중의 법보 경전을, 3층 미륵전에는 새로운 정법시대를 열 미래불인 미륵3존불을 두었다. 법화경 견보탑품 "석가모니 부처님의 법문을 다보여래께서 증명하고 찬탄하기 위해 칠보탑이 솟아오르는 것"에 근거하여 모든 사람의 가슴에 부처님의 가르침을 심어주는 자비심이 가득차고 행복해지기를 바라는 보배탑을 세워 보탑사라 하였다. 만뢰산은 중생에 무상무념의 정법에 귀의하여 자비로 일도 정진의 지혜를 갖고 통일을 기원하는 만다라의 가람으로 형성된 사찰경관을 지닌 명소다.

백곡 저수지

충북 진천군 진천읍 건송리에 있는 백곡 저수지는 1949년에 동양에서 유일하게 사이폰siphon식 저수지였으나 80년대 초 저수지제방 확장축조 사업으로 사이폰 시설은 수몰되었다. 진천평야가 넓게 펼쳐지는 구릉과 전답의 전개경관을 소담스럽게 담아 가는 진천읍에서 농촌경관을 뒤로하고, 충청남도 천안시 입장과 경기도 안성시로 넘어가는 건송리 방향으로 발길을 옮긴다. 그 노정에서 한국적 형태와 세계 각국의 종을 비교 전시하고 있는 전통종박물관을 거치는 유물 탐방은 농촌 들녘의 단조로운 풍광을 흥미롭게 느끼게 한다. 주변 평야 속의 전展경이 있는 정적인 경관이다.

백곡 저수지를 담고 있는 제방은 1980년대에 농업 기반을 조성했던 노력의 결실을 나타낸다. 저수지의 규모를 보면 진천군과 음성군 유역에 필요한 농수량을 보급할 수 있도록 총 공사비 191억 원을 들여 농지 개발 면적 3089ha를 개선 정비하였다. 그 결과 저수지는 총 저수량 2200만 톤, 만수면적 232ha, 제방높이 27m, 길이 410m, 수문식 물넘이 4운運, 최대 배수량 833톤/sec가 된다.

이 사업의 시행으로 구역 내의 수리답율이 크게 향상되었다. 농지 이용률의 증대와 경지정리 병행으로 인한 영농의 기계화도 기할 수 있을 뿐만 아니라, 향어 양식과 아울러 관광명소로 복지농촌 건설에 크게 기여했으며, 진천의 3대 낚시터백곡, 초평, 덕산 중의 하나가 되었다. 또한 단순한 농업용의 호수경관에서 레저와 관상을 위한 국면경관을 만들게 되었다. 관찰 위치에 따라 비경을 보는 묘미가 있는 시각적 장소다.

정적 수경관 중심의 단조로움이었지만 주위 산림과 호반의 선형이 부드러운 만곡을 이뤄 수변경관이 단아한 구성을 이룬다. 수변을 따라 관찰되는 호안선은 전형적인 농촌 호숫가의 수목인 신갈나무, 물푸레나무, 굴참나무 등이 노각나무, 조릿대, 생강나무를 안고 물 섶에서 억새가 바람 따라 하늘거린다. 수변에서의 정경을 느끼며 정적 품격의 경관이 다가온다.

충북 진천, 음성, 괴산, 경기도 안성 등 2도 4군에 걸친 광대한 지역을 한수해 없도록 물을 대 주고 있다. 이 사업의 특색으로는 음성군 금왕읍에서 설치한 용계, 무극, 금석 3개 저수지가 터널로서 연결되어 3개 유역의 수자원을 가장 효율적으로 이용할 수 있도록 시공하였다. 음성군 맹동면에 설치한 맹동지는 유역 면적이 협소하므로 맹동2지를 병행 축조하여 도수 터널로 1지에 유입시키는 유역 변경 공법을 적용하였다. 유용한 농업용 호수는 어족자원의 확충과 수

역의 확장으로 생태적 변화가 발생했다. 이에 수경관의 변화와 수림경관의 변화가 수반된다.

백곡 저수지는 농촌기반사업 정비종합계획에 의해 시공한 저수지 중 가장 규모가 큰 것으로 흙과 돌로 축조되었는바, 콘크리트 댐과 비교할 때 시설물의 수명이 길고 공사비도 약 42%나 저렴했다. 속칭 백곡지로 불리며 농업기반공사 진천지부에서 관리한다. 용수관리에 따른 제반 비용을 부담할 수 있도록 이수利水적 활동 공간을 수용하면서 행사경관을 도모하는 방안이 모색될 수도 있다.

교통이 편리하고 잉어의 입질이 좋아 낚시꾼들이 많이 찾는 곳이다. 그러나 포인트의 분포가 협소하고 가뭄에 약해서 조황이 계절적으로 차이가 심하다. 강우량이 풍부한 해는 여름에도 포인트가 형성되지만 가뭄 때에는 수위가 중류 이하로 줄기 때문에 좌대가 아니면 낚시가 어려울 때도 있다. 조황의 희비를 가르기보다는 농촌의 산수경관을 음미하면서 세월을 낚는 기분을 만끽하기에 좋으며 풍진을 떨치며 상념에 젖을 수 있는 한적한 저수지다.

진천평야

　　진천평야는 충청북도 음성군의 미호천 상류에 위치한다. 이곳 평야는 비옥하다. 넓은 평지에 기름진 토양이 풍요를 가져다준다. 하천을 끼고 발달한 평야의 가운데 서면 지평선이 보인다. 산기슭이나 산자락 군데군데 마을을 형성하고 있다. 들판에는 대지의 포근함과 신선함으로 곡식이 익어 가고, 여기저기 흩어진 마을이 각기 고유한 이름과 모습으로 개성 넘치는 농촌경관을 표출한다. 예로 마을 터가 개미 형상을 하고 있어 개미실이라 불렸다. 마을의 말, 고을의 골, 마실의 실 등의 토속적 동네 이름으로 정경을 이룬다. 마을의 삶터를 아우르는 이름들이 곱다.

　　덕산면 용몽리에는 안꿈말, 구말 장터, 묘봉골, 용소 마을이 있고, 구산리에는 아랫 윗 개미실, 꿀 샘, 동산말, 도장골이 있다. 한천리에 구시울, 두촌리에 상대 마을의 차돌배기와 강당말, 쪽샘골, 합

목리에 목골_{하목}과 방죽안_{상목}, 옥동리에 양암_{양푼바위}, 옥골, 기전리에 기지_{트미실}, 선옥 마을, 석장리_{돌실}에 대화, 하석_{윗돌실}, 장암_{아래 돌실} 마을, 화상리에 상고_{위고재}, 하고_{아래고재}, 귀농 마을, 인산리에 어지미, 인산말, 신척리에 홍개, 가척_{가재울} 마을, 산수리에 중방_{골방골}, 매산_{별방골} 마을이 있다.

이월면 송림리에 시장, 대막, 송현, 학동 마을, 신계리에 상신, 하신 마을, 장양리에 일영, 화양_{오양산}, 원장양 마을, 노원리에 노곡_{논실}, 서원 마을, 궁골, 신댕이, 사곡리에 반지, 사지, 수평재, 이곡 마을_{은행정}, 중산리에 중복_{중복개}, 도산_{갈미;칼산}, 마산 마을_{말미}, 동성리에 성평_{잿들}, 자래_{자네실} 마을, 삼용리에 용사_{용절}, 내기_{안터}, 수곡_{물구리}, 장괴_{장겨리}, 청용_{청룡말} 마을, 신월리에 월촌_{다래촌}, 도종_{되마루}, 신정_{정착촌}, 미잠리에 잠두_{누에머리}, 미정 마을, 내촌리에 내촌_{당골}, 신대_{새터}, 신촌, 근어 마을, 사당리에 사당_{관지미}, 사산_{살천} 마을, 광혜원리에 상신_{죽산말}, 하신_{바들실}, 상리_{윗술말}, 장기_{장터} 마을, 실원리에 실원_{실안}, 동주원 마을, 구암리에 구암_{병목안}, 감자골 암자골, 무수_{무술}, 회죽리에 죽_{댓골}, 이목_{배나무골}, 회안 마을, 금곡리에 금천_{소물}, 용소, 모치올 마을, 죽현리에 죽현_{만디}, 필현_{붓고개}, 사동 마을, 월성리에 월성_{담안}, 월곡_{검성골} 마을, 석현리에 장대_{장터; 돌고개}, 지곡_{지새울}, 용암 마을, 구수리에 구수_{구술; 구수골}, 개죽_{가죽골}, 송탄, 구메바위 마을, 대문리에 수문, 대삼_{대삼골} 마을, 갈

진천평야

월리에 노신대안말과 장성구리, 서수서수원 마을, 양백리에 상백, 하백, 이티배티 마을, 성대리에 성대성터, 모리모니, 상봉, 대명 마을, 용덕리에 용진, 점촌점말, 유곡느릅실, 덕가동 마을, 명암리에 명암명심 마을, 사송리에 상송, 두주, 사정, 지구지구머리 마을이 있다. 마을이 지니는 정경은 조화로운 품격의 농촌경관을 만든다.

마을 이름마다 내력에 따른 의미가 있어 장소경관을 만든다. 평야경관은 지평선의 수평적 구도에 산림과 산세가 배경이 되고, 여기저기 흩어져 있는 농촌이 점점이 박혀 탁 트인 개활경관이다. 진천평야는 한국적 산야와 농촌의 소박한 위상을 지녀 전승적 국토경관의 기반이 된다.

청원 8경

청원 옥화구경의 용소

옥화구경

옥화구경은 미원면 운암리 달천천을 따라 곳곳에 숨어 있는 9개의 경승지로 구성되어 있다. 경관은 외연적으로 자연과 세월이 만들어 낸 산수경관과 수림경관이 전(全)경과 절경을 이루며, 장소에 따라 선경과 비경을 낳는다. 내연적으로는 차례차례 의미를 되새기며 관상하다 보면 자연과 하나되는 자아를 느끼며, 피아를 깨닫는 오성을 알게 되는 풍경이다. 순서별로 9경을 관상하는 과정은 경관의 오격을 알게 한다.

옥화1경 청석굴은 청주, 보은간 19번 국도변 깎아지른 절벽에 있다. 굴 안에서 용이 나왔다고 전해지는 청석굴은 구석기시대의 유물인 찍개와 볼록날, 긁개가 발견된 유적경관이다. 우리의 선조가 생활했던 그대로를 간직한 동굴이며, 귀한 경관으로 더운 여름철에도 동굴 속에서는 한기가 느껴진다.

옥화2경 용소는 영화로움이 있다. 옥화리 19번 국도에서 금관리

쪽 2km에 있다. 달천천 중에 수심이 가장 깊어 용이 살았다는 곳이다. 위에서 내려다보면 시퍼런 소를 이뤄 바닥 깊이를 헤아릴 수 없다. 용소의 용이 신비한 날에 승천하는 것을 지나가던 여자가 보게되어 영험에 부정이 타서 승천하던 용이 그대로 떨어져 이무기가 되었다는 전설이 있다.

옥화3경 천경대는 옥화리 19번 국도에서 금관리 쪽 2.5km에 있다. 천경대는 수직의 절벽과 함께 달빛이 맑은 물에 투영되어 하늘을 비추는 거울 같다고 하여 명명되었다. 정갈한 품격을 갖춘 산수경관이 조화를 이루는 비경이다.

옥화4경 옥화대는 천경대에서 약 300m 하류에 위치한 미원면 옥화리 19번 국도에서 금관리 쪽 2.5km에 있다. 조선시대 선비인 석애 이규소 등 유학자들이 청명한 가을 달을 닮은 추월정, 세상 모든 경치를 볼 수 있다는 만경정, 마음을 닦고 씻는다는 세심정 정자를 지어 후학을 양성했다. 옥화대는 개울가 절벽 위 고목이 무성한 동산으로 들판에 옥처럼 떨어져 있다 하여 명명되었다. 지조 있는 선비들이 즐겨하던 옥화구경 중에서도 조화로운 품격을 가진 산수경관이 대표적인 절경이다.

옥화5경 금봉은 미원 월용리 19번 국도에서 금관리 쪽 4km에 있다. 비단 같은 봉우리의 금봉은 푸른 수목이 울창한 동산을 맑은 개울이 휘돌아 흐르기 때문에 깨끗한 백사장이 따가운 태양열을 받기 좋다. 산수경관과 수변경관이 화려한 품격의 전소경을 펼치고 있다.

옥화6경 금관숲은 미원면 금관리 19번 국도에서 금관리 쪽 6km

에 있다. 금관리 개울가에 2천 4백여 평의 숲으로 참나무와 소나무의 숲이 울창하여 한여름에도 햇빛이 들지 않는다. 수림경관과 수변경관이 어울려 소담스러운 비경을 형성한다.

옥화7경 가마소뿔은 금관리 쪽 7km에 있다. 옛날에 막 혼례를 치른 신랑과 신부가 이곳을 지나다가 신부의 가마가 흔들려 그만 물 속에 빠져 죽었다. 이를 애통해 하던 신랑도 함께 뛰어들었다는 전설 경관을 가지고 있는 가경이다.

옥화8경 신성봉은 금관리 쪽 8km에 있다. 옛날 신선이 놀았다는 신성봉은 계원리 쪽에서 풍부한 품격의 산악경관이다. 마른 산세 사이로 계곡이 바위로 이루어져, 관조하면 바위 밑으로 흐르는 물소리를 들을 수 있는 선경이다.

옥화9경 박대소는 배경인 신선봉에서 서북쪽으로 약 1km 어암리에 위치하며, 금관리 쪽 9km에 있는 정결한 경관이다. 달천천의 끝부분의 산수경관이 조화로운 선경이다. 푸른색의 청석이 병풍으로 둘러싸여 있고 깊은 못이 있어 박대소라 일컬어진다.

옥화구경의 풍광은 오행에 따른 오절기節氣; 春夏季夏秋冬춘하계하추동의 변화를 알아가며 오기의 기운을 몸으로 느끼기에 좋은 표본이다.

오창 호수공원

오창 호수공원 유래비에 의하면 1940년대 초에 오창읍 각리 궁전 마을에 거주하던 덕암 전우찬이 농업용수 공급을 위해 축조한 방죽에서 비롯되었다. 방죽의 소재지는 양청리 회암 마을에 속하나 전우찬이 사는 마을 이름을 따서 궁전 소류지, 또는 활밭방죽이라 불렀다. 궁전 마을은 지금의 호수공원 남쪽 산등성이 너머에 있었는데 지형이 활처럼 생겼다 하여 붙여진 지명이다.

전우찬은 각리 일대의 많은 토지를 소유한 지주이며, 오창면의 원을 지낸 한학자다. 1948년 7월에 대홍수로 제방이 유실되어 다음 해에 복구공사를 할 때 몽리자가 공동부담하게 된 3할의 공사비를 논을 팔아 대납하는 등 저수지의 축조와 유지에 기여했다. 1956년에 정부가 저수량 확장공사를 착공하여 1960년에 준공함으로써 몽리면적이 47ha로 확대되고 수로가 신설되었으며 명칭도 궁전 저수지라

지었다. 1972년과 1983년에 시설보수공사가 있었으며, 1996년 오창과학산업단지 조성으로 사라질 위기에 처했다가 도심의 호수공원으로 거듭났다.

오창 호수공원

　오창 신도시는 국내 타 신도시보다 상대적으로 많은 녹지와 공지를 가지고 있고, 비교적 원 지형을 살리는 단지설계가 이뤄졌기 때문에 자연친화적 공간구조를 형성하고 있다. 아울러 신도시의 경관을 호수와 구릉을 보존하는 중앙공원의 입지와 활 형태적 디자인 구상은 크게 변화되지 않아 다행스럽다.

　호수공원은 지형지세를 존중하며 호수의 원형을 조화롭게 하는 경관 소재의 풍부함과 다채로운 식생을 가지고 있어 산수경관의 도시적 소박함을 지니고 있다. 소박한 도시공원의 비경을 창출하는 전형을 볼 수 있고, 더불어 국면경관과 행사경관의 요소로 부용면 금강변에 방치돼 있던 황포돛배를 전시하는 자원을 가진 셈이다. 특히 야경이 아름다운 호수공원의 매력은 오창인들이 시적 산수경관의 조화를 마음에 담을 수 있음에 있다.

문의 문화재 단지

문의 문화재 단지는 청주에서 대청댐 방향으로 32번 지방도를 따라가다 보면 문의를 지나 대청호가 내려다보이는 곳에 있다. 수목으로 위요된 대청호가 녹음에 물들어 있고, 양성산 언덕바지에서 문화재 단지를 만날 수 있다. 양성문을 들어서 장승과 솟대 앞에 서면 고요한 호수경관이 수평적 시선을 안정시키며, 물 내음과 함께 청량한 바람이 불어 무더운 여름 땀이 마른다. 정결한 품격의 경관자원이다.

1980년 대청댐 건설 후 1992년부터 기본계획을 수립하고, 총 4만여 평의 대지 위에 조성되었다. 선사시대 돌무덤의 하나로 청동기시대를 가늠케 하는 고인돌, 다산과 번식을 상징하는 기자석을 돌아서면 충신문과 효자각이 깨달음을 일러준다. 귀한 품격의 경관자원이다.

푸른 켄터키 블루 잔디가 펼쳐져 있는 놀이마당에서는 행사경관이 이뤄져 볼거리를 만든다. 주말이면 전통혼례를 통해 전승경관을 연출하고 있다. 단지 위에는 중부지방에서 보기 드문 돌너와집 부용민가이 자리하고 있는데 돌을 판판하게 기와처럼 만들어 지붕을 이은 집으로 이색적인 형태의 지붕이다. 또한 문산관에는 전패 임금을 상징하는 전殿 자를 새겨 각 고을의 객사

에 세운 나무패를 안치하고 초하루와 보름날에 임금이 계신 대궐을 향해 절을 하는 의식을 거행하였을 뿐 아니라 중앙에서 내려온 사신의 숙소로 사용하였던 역사건물경관을 보인다.

전시관 앞뜰에는 고려시대 축조된 것으로 추정되는 문산석교를 복원하여 옛 유적경관의 흥취를 느끼게 한다. 세월을 넘어 천년을 이어 가는 민족의 삶을 돌이켜 보는 지혜를 터득함이 문화재 단지가 주는 문화경관의 매력이다. 또한 우리의 예지가 오상의 되새김을 알아가게 하는 훈육경관의 상징 공간이다. 오행에 따른 오방五方; 동남중서북東南中西北에 각성을 야기하는 지혜의 출입문을 만들었던 선조들의 혜량을 이해하기를 바라는 함의가 있는 장소로 승화되길 기대해 본다.

양성산과 대청호 조망

양성산은 문의면 소재지인 미천리 뒷산으로 대청호 조망이 뛰어난 산이다. 산행은 약 1시간 30분이 걸리고 작두산을 거치면 2시간 반 가량 걸린다. 팔각정이 있는 378m봉이 상대적으로 높아 양성산으로 오인하고 있다. 양성산은 378m봉의 오른쪽 능선에 있는 297m봉이다. 양성산에는 산중턱에 삼국시대 산성터가 남아 있어 산속에서 승병을 양성했다고 전해진다. 양성산은 전설과 더불어 문화 유물의 소재가 산재한 역사경관의 전경을 갖고 있다.

양성산 산행은 문의 문화재 단지 주차장에서 시작한다. 주차장의 서쪽으로 계곡을 바라보고 서면 왼편 언덕에 문의 문화재 단지가 있고, 가운데 오목한 계곡 안에 청원군 청소년수련원이 있다. 청소년수련원 뒤편으로 팔각정이 보이는 봉우리가 375m봉이고, 오른쪽 능선 중 제일 높은 봉우리가 바로 양성산이다. 풍부한 품격을 지닌 산악경관임을 알 수 있다.

산행은 375m봉을 중심으로 좌우로 펼쳐진 능선은 어느 방향에서도 접근되고, 시계 방향으로 돌면 오르막이 비교적 완만하다. 그 경우 대청호를 등지고 산행을 하기 때문에 조망이 아쉽고 내리막 경사가 심하다. 시계 반대 방향으로 돌면 양성산에 먼저 오르게 된다. 오르막 경사가 심하지만 375m봉을 기점으로 편한 하산길 능선에서 대청호 조망이 빼어나다.

양성산에 먼저 오르는 산행은 주차장 입구 화장실 옆 계단에서 시작된다. 계단에 올라서면서 임도를 따라가지 말고 바로 왼편 능선을 택한다. 가파른 경사에 리기다 소나무숲이 이어지고 비탈이 심한 곳에는 로프가 설치되어 있다. 20분 정도 지난 뒤에 평지가 이어지며 등산로를 살펴보면 산성의 흔적을 연상할 수 있다. 산성 유적터에서 조금 더 가면 양성산 정상이다. 정상의 봉우리가 뚜렷하지 않지만 비교적 평탄한 공간이 만들어져 있다. 주변의 전展경이 보인다.

양성산 정상에서 5분 정도 내려가면 갈림길이 있는 안부에 닿는다. 왼편으로 가면 청소년수련관이고, 오른편으로 가면 문의 초등학교 뒤편 계곡이다.

계속 능선을 따라 375m봉으로 향하면 급경사면이 이어진다. 경사면에 비켜서면 하산길 양성산과 노출된 능선이 보이며 대청호를 조망할 수 있다. 안부에서 가파른 오르막을 20여 분 오로면 375m봉을 앞에 두고 작은 안부가 있다.

북쪽의 능선은 작두산으로 이어진다. 양성산에서 작두산까지의 능선을 따라 소박한 숲이 이어진다. 작두산까지의 길은 봄철 진달래, 철쭉이 여기저기 흩어져 있다. 작두산의 정상에는 산불 후 교목은 없고 관목만 있다. 정상에 서면 사방의 전全경과 그 속에 각 방향으로 전展경이 펼쳐진다. 북으로 청주시 남부지역 아파트들이 보이고, 남으로 멀리 신탄진과 대전4공단, 구즉 송강 마을의 아파트가 보인다. 서쪽으로는 부강과 강내, 오송 등의 신개발지가 보인다. 작두산에서 북으로 가면 문의면 남계리이고, 동으로 가면 문의면 미천리다.

378m봉에는 2층 팔각정이 있어 주변의 전展경이 더욱 좋다. 서쪽으로 산 아래 있는 마을은 하우스 딸기를 많이 재배하는 문의면 두모리이고, 남쪽 산은 구봉산으로, 산의 남쪽 끝에 현암사와 그 아래 대청댐이 있다. 작두산보다 대전 쪽 전展경이 더 잘 조망된다. 378m봉에서 남으로 하산하면 바위능선이 있어 어느 곳에서나 대청호 조망이 좋다. 10분가량 내려가면 독수리바위를 보고, 이어 안부로 내려가 왼쪽 계곡으로 가면 청소년수련관이다. 능선을 타고 오르면 문의 문화재 단지 뒤 봉우리인데, 오르막과 내리막이 가파르다. 산행경관으로 삶의 역정을 체험하면서 자아를 알게 하는 감흥을 동반함에 시각적 변화를 일으키는 멋이 있다.

구룡산 흑룡과 대청호

구룡산은 청원군 문의면 현암리에 있다. 구봉산이나 현도산으로 불리기도 한다. 대청댐 옆 벼랑에 자리 잡고 있는 현암사의 뒷산인 구룡산은 문의면과 현도면의 경계를 이룬다. 능선이 대청호반을 따라 이어져 있어 정상에서의 대청호 조망이 빼어난 산이다. 주관찰 산행은 팔각정 휴게소에서 가기 쉬운 현암사에 오르는 철계단 아래에서 시작해 약 1시간 반이 소요된다. 조화로운 경관의 품격이다.

현암사까지는 철 계단이 이어지고 계단이 끝날 무렵 절을 바라보며 대청호를 관조할 수 있다. 눈앞에 우거진 활엽수림이 울창하며 나뭇잎 사이로 호수의 전森경이 보인다. 암사 마당에서 내려다보면 대청호가 한눈에 보이고, 호수 건너편에 청남대 본관이 보이며, 호수와 산림이 조화를 이루는 전개경관의 비경이 펼쳐진다. 능선의 형체는 남아 있지 않지만 성터가 있던 곳으로 흐트러진 돌들을 모아 돌탑을 만들어 놓았다. 의미 있는 역사경관의 흔적을 볼 수 있다.

북으로 이어진 능선을 타고 걸으면 작은 봉우리를 지나 산불감시 초소가 있는 구룡산 정상에 닿게 된다. 금강을 굽이치던 구룡이 하늘로 날아가는 형상으로 변한 모습이런가. 산수경관이 용 9마리가 둥지를 틀듯 만곡과 점증의 변화가 커다랗게 일어난다. 남서로는 현도면 서부 지역의 전망이 펼쳐지고, 멀리 신탄진과 대전4공단, 구즉 마을의 아파트 단지가 보인다. 동으로는 대청호 건너편으로 염티에서 이어지는 샘봉산이 보인다. 각 방향으로 풍부한 전展경이 개성 넘친다.

정상에서 북쪽으로 이어진 능선을 타면 문의대교 옆으로 내려설 수 있다. 오른편에 대청호를 두고 능선을 오르내리면 가파른 내리막 길을 앞두고 갈림길이 나온다. 어느 길이나 대청호반으로 내려갈 수 있다. 왼편 비탈길을 타고 내려서면 능선 오른쪽에서 묵밭을 볼 수 있다. 묵밭 옆에 있는 소로를 따라 내려가면 대청호가 펼쳐지며 문의대교가 보인다. 현세의 산행경관은 전설적 고찰의 유래를 더듬어 인과의 법칙을 알게 하려 함인 듯하다.

대청댐

현암사 오층석탑

초정약수

초정약수는 청원군 내수읍 초정리에 있다. 초정리 광천수는 600년 이상의 역사를 지녀 미국의 샤스터, 영국의 나포리나스와 함께 세계 3대 광천수로 인정받고 있다. 미국 F.D.A.의 인정을 받은 음용수인 초정약수는 지하 100m의 석회암층에서 솟아오르는 매콤하고 차가운 천연탄산수다. 귀한 품격을 지닌 경관자원이다.

예로부터 7~8월 한여름에 초수의 약효가 제일 좋다고 하여 복날과 백중날에 많은 사람들이 이곳에 찾아와 목욕을 하며 더위를 식혔던바 음용과 피서체험을 갖는 기회경관이 벌어진다. 영화로운 품격의 경관자원임에 틀림없다.

소백산의 중앙부에 있는 충북 청원군 초정리 구녀산 기슭에서 먼 옛날 아홉 선녀가 승천했다는 전설을 간직한 초정리에서는 천연탄산수가 용출하였다고 전해진다. 약수터에서 천연탄산수를 음미하고 받아가려는 탐방객이 체험경관을 즐기고 있다.

인간의 오미五味; 산고감신함酸苦甘辛鹹 중 매운 맛을 지닌 약수는 금성인에게 체질적으로 맞는다. 신맛이 목성인에게 맞고, 단맛이 토성인에게 맞으며, 쓴맛은 화성인에게 맞고 짠맛이 수성인에게 맞는다면 오행의 이치가 오미에 대응되는 셈이다. 오행의 오미를 알게 하는 초정약수는 미각체험의 명소다. 더 나아가 인간의 오감정五感情인 희로애락을 갖는 오행의 대위를 찾아봄도 감흥을 새롭게 한다. 즉, 목성인은 기쁨에 더 민감하고, 화성인은 체질적으로 격노함이 쉽게 빈발하며, 토성인은 사랑의 감성이 상대적으로 잘 발현된다. 또한 금성인은 슬픔이 더 극화되며, 수성인은 즐거움에 잘 취해 흥이 많다면 오행의 이치가 오감정에 대위되는 셈이다.

초정약수에서의 경관체험은 평범한 생활 속에 자연의 이치를 깨닫게 하는 오성을 갖게 함에 있어 더 매력적이다. 인간의 오미가 오감정으로 이어지는 미묘한 연계성이 있음을 알게 된다. 많이 알아서 탈이 되고 급기야 죄를 짓는 범인들의 양태를 가끔 본다. 안타깝게도 지식이 세상을 어지럽게 한 것인지도 모른다.

소박한 경관을 볼 때 상황에 따라 희비를 달리 느끼는 것은 우리 마음에서 비롯됨이다. 평범한 맛을 느낄 때 입맛에 따라 감고단맛, 쓴맛를 달리하는 것도 마찬가지다. 평범 속에 비범을 아는 지혜가 소박한 경관에서 비경을 찾는 힘을 기르는 첩경이 아닐까.

248

구녀산

구녀산은 천연광천수로 유명한 내수읍 초정리를 감싸고 있는 산
이다. 구녀산의 능선은 내수읍과 증평군, 그리고 미원면의 경계를 이
루며, 한강과 금강의 수계를 가르는 한남금북정맥에 속한다. 초정약
수 물 나들이 길은 산세가 완만하여 가볍게 오를 수 있다. 주 산행은
산행 거리 3km로 국면과 상황에 따라 풍부한 경관의 품격을 지닌다.

숲길을 오르면 구녀성 성벽이 있던 능선이다. 성벽의 형체는 사
라졌지만 지형을 살펴보면 성벽이 그려진다. 근처에 정자와 쉼터가
있다. 초정리 쪽으로 남아 있는 성벽으로 역사경관의 흔적을 볼 수 있
어 시각적 감흥을 준다. 구녀성은 당초 이름이 구라산성으로 대치를
이뤘던 전장의 모습이 선하며, 곳곳에 상상경관이 눈에 어린다. 옛날
구녀성에는 홀어머니가 아홉 딸과 한 명의 아들을 데리고 살았다고
한다. 남매간의 불화가 잦아 생사를 건 내기를 시킨 어머니는 딸들에

게 성을 쌓도록 하고, 아들에게는 나막신을 신고 서울에 다녀오라고
했다. 성이 거의 완성될 때까지 아들이 돌아오지 않자 어머니는 딸들
에게 팥죽을 끓여 먹이며 쉬라고 했다. 그동안 퉁퉁 부은 다리를 끌며
아들이 돌아왔고, 내기에서 진 아홉 딸은 결국 성벽 위에서 몸을 던졌
다. 그리고 아들은 그 길로 집을 나가 돌아오지 않았다고 한다. 그 후
아홉 딸이 쌓은 성을 구녀성이라 부르게 되었다고 한다. 전설경관 유
적이 많은 산성 터는 속절없이 적막하여 더 귀한 경관자원이다. 남아
선호의 슬픈 전설을 품고 있는 구녀성 안에는 양지바른 곳에 여러 개
의 무덤이 나란히 있어 아홉 딸의 무덤이라고 전해지고 있다. 산의 전
경全과 그 속 전경展이 보인다. 구녀산에서 초정 쪽 길은 내리막으로 완
만하고, 숲이 우거져 수림경관이 정갈하다. 정상 표지석에서 북쪽 능
선을 따라가면 능선이 갈라지면서 등산로 우측 숲 속으로 작은 능선길
이 열린다. 밤티와 분젓치를 지나 능선을 종주하면 좌구산에 이른다.

초정삼거리에서 송학골을 거쳐 계곡을 따라 우측 능선의 숲이 우
거진 계곡을 따라 오르면 송전탑을 지나 능선에 오르게 된다. 그곳 갈
림길에서 왼편 능선으로 오르면 삼각점 봉우리에 이른다. 북으로 남
차리 마을이 보이고 좌로 회평 저수지가 보이는 능선에 선다. 능선 왼
쪽으로 회평 저수지 윗동네가 밤이 많이 나는 율리다. 율리에서 미원
종암으로 넘어가는 고개가 밤티다. 회평 저수지를 좌로 두고 능선을
따라가다 성황당을 지나면 능선이 갈라지는 삼거리다. 정맥갈림길에
서 내리고 올라서면 그곳이 바로 구녀산 정상이다. 길이 완만하고 관
목 숲이 터널을 이루고 있어 아늑한 산행경관의 멋을 보여 준다.

미동산 수목원

미동산 수목원은 충북 청원군 미원면 리에 있다. 2,500,000m²
규모의 부지에 900여 종 70만 본의 식물이 식재되어 있어 충북도에
서 관리하는 중부권의 수목원이다. 야생초화류원, 유실수원, 침엽수
원, 참나무원, 단풍나무원, 난대식물원 등 10여 개의 전문 수목원을
갖고 있다.

외연적으로 수목원의 경관은 미동산의 산림을 바탕으로 수림과
산세가 어우러진 전全경을 이루고 있다. 내연적으로는 수목의 위치와
구성에 따라 독특한 풍경을 낳고, 산림을 안고 있는 산세를 배경으
로 숲 사이로 전展경을 만든다. 상황과 국면에 따라 다양하게 형성하
는 산림경관은 나무가 지니고 있는 생태적 안정과 부가적인 기능으
로 정경을 자아낸다. 산림관련 시설이 마련되어 있고 자연친화적인
웰빙 휴식공간으로 각광받고 있다. 꽃과 나무, 풀이 들려주는 상큼한

자연의 이야기를 듣고 싶은 사람들에게 좋으며, 시청각적으로 경관치료를 가능하게 하는 명소다. 산림문화의 명소로 풍부한 품격의 경관자원이다. 또한 주민에게 자연 사랑을 위한 다양한 체험학습 프로그램을 개발 운영하여 귀하고 영화로운 경관을 제공하고 있다. 수림경관이 부가적으로 갖는 조화로운 품격의 경관이다. 수목은 우리에게 꼭 필요한 산림자원이다. 각종 수목과 야생초화류를 종류별로 전시하여 볼거리를 제공하는 학습경관의 요체다. 산림은 교육의 장과 쾌적한 산림 휴양 공간 등의 복합경관을 시현하고 있다.

수목원 내에 교육경관의 자원으로 나라꽃의 소중함을 알리기 위해 2만 본의 고유 품종을 식재한 무궁화 통일동산이 있다. 나라꽃으로서의 품위를 지닌 무궁화를 관상할 수 있어 식재경관의 표본을 보여 주고 있다. 또한 교육경관의 시현으로 주민의 산림자원에 대한 이해를 증진한다. 삶의 활력소를 불어넣어 주는 역할을 하는 수범적인 경관치료를 가능하게 하는 명소다. 장소에 따라 소담스러운 산수경관이 어울리는 아늑함과 적막으로 이뤄진 산림의 시각적 안정, 후각적 마력은 국면과 상황에 따라 만드는 풍경이 다양하다.

늘 상쾌한 바람이 부는 미동산의 언덕과 골바람의 작은 계곡이 있다. 양지바른 수목원의 터전과 온살은 더운 기운이 상존해 있다. 수목원의 작은 호수와 물가는 적절한 습기를 머금은 곳이다. 수석과 바위가 있고 모래가 깔린 곳이 있는 한 마른 기운을 갖고 있다. 숲 속의 길을 지나 미동산의 정상에 오른 후 북사면에서의 체류는 시원함을 넘어 추위를 느낄 수 있다.

청주 8경

청주 상당산성과 공남문 벚꽃

가로수길

재래로부터 선조들은 그 고장의 경관을 대표적으로 쉽게 인식하고 널리 알리기 위해 고장의 100경, 혹은 8경 등을 명명해 왔고, 그에 걸맞은 경관 예찬으로 고장민의 흥겨움과 고장의 상징성을 부여했다. 이를 시대를 넘나드는 문장가들은 그 경관에 대한 시적 변용을 통해 스스럼없이 심미적 소재로 택해 왔다.

청주시의 대표적 경관은 자연, 시가지, 역사문화, 조형, 풍물경관 등으로 구분하여 각 경관 부문에서 회자되는 경관을 중심으로 전문적 분석을 거쳐 새로운 의미에서 청주팔경을 선정한 결과, 제1경은 어김없이 가로수길이었다.

가로수길은 청주의 중심적 나들목으로 관문적 통행도로다. 가로수길의 가로공원 혹은 녹도의 대상은 죽전교에서 경부고속도로의 청주 나들목까지 6,0km의 선형의 공간이다. 1952년부터 녹화계획의 일환으로 플라타너스 묘목 1,600본 중 1,381그루가 남겨져 있었다.

가로수길의 경관 요소는 도로, 나무, 하늘, 주변 푸르름 등으로 구성된다. 그 경관 가치는 청주 내방객의 연속적 시각 경험에 더해지는 청주의 상징적 감흥과 청정성을 유발하는 수목의 관상체에 있다. 관찰자가 청주 시가지로부터 진출입하는 도로의 중앙부, 양측면에 3선으로 버즘나무 가지나 나뭇잎 터널의 연속체에 대한 시각적 경험에서 아름다움을 느끼고, 푸른 청주 이미지에 부합되는 전경의 특이함을 보게 된다.

가로수길에서의 시각적 연속체는 도로의 5개 소의 선형 변화로 곡선부에서 직선부로 이어지고, 청주에로의 진입 시 오르막과 내리막의 단계적 변화가 이뤄진다. 그중에서 휴암에서 오르막의 정점에 이르는 관개경관은 전국에서 심미적이라고 하는 경관 국도 중 백미라 할 수 있다. 아울러 청주로부터 진출 시 오르막이 직선으로 이어지면서 내리막에서의 곡선부에 머무르는 시각적 초점이 점근하며 다가오는 수목의 연속적 통과 경험과 함께 관개경관의 아름다움을 만끽하게 된다. 가경의 연속체를 만든다.

오고 가는 길이 정겨움을 나타내는 것은 청주를 다시 찾게 하는 힘이 된다. 청주 내방의 시간이 오랫동안 길어질수록 그 길에 대한 그리움으로 차게 되어, 다시 보고 싶은 가로경관이 된다. 우리의 삶에서 서로의 만남은 중요하다. 그 만남을 이어주는 데 길 없이는 불가능하다. 좋은 만남을 오랫동안 남길 양이라면 더욱 그 길이 정겨워지는 법이다. 그렇게 정겨운 길이 아름답다면 우리들의 만남을 더 의

미 있게 만드는 바탕이 될 것
이다.

오가며 지나는 가로수길
은 계절에 따라 소담스럽고
풍성하며 낭만적이다 못해
활기차게 변화한다. 그 가로
수길이 겨울에는 쓸쓸하다가
도 나뭇가지에 눈이라도 쌓이는 날에는 천지를 순백으로 감싼다. 고
결한 가로수의 줄기와 가지가 만들어 내는 선은 백색과 어우러진 가
로변의 설경과 함께 심미적 극치를 이룬다. 그리고 시각에 따라 변하
는 일조에 맞춰 만들어지는 가로수길의 음영은 일상의 번잡한 우리들
의 왕래를 시시각각으로 순수하게 담는다. 삶의 면경 지수로 청주 제
1경의 위상과 귀한 품격을 지녔다.

충북의 중심도시 청주팔경이 중원의 얼굴이라면 가로수길은 충
청인 마음의 창인 눈인 셈이다. 청주가 활기차고 정겨운 도시에서부
터 살맛나는 고장으로 거듭나기 위해서는 우리 모두가 청주의 자랑
거리를 아끼는 마음으로 전국 제일의 아름다운 가로수길을 만들어야
한다. 결국 가로수길을 청주 시가지로 이어지는 녹도화의 출발점으
로 바꿔 청주의 해맑은 눈으로 거듭나는 상징적 희망의 거리로 만들
어 청주 제일의 정경이 되기를 바란다.

우암산

우암산은 산림을 바탕으로 한 청주의 상징적 지표물이다. 소의 형상인 우암산 앞에 있는 당산이 여물통이라면 우암산 뒷배경의 상당산은 외양간인 셈이다. 청주 시가지는 소가 풀을 뜯어 먹을 수 있는 들판이다. 우암산은 조망의 입지와 관찰의 상황에 따라 여러 가지 경관을 표출한다. 시시각각의 우암산의 모습은 계절과 위치에 따라 시각적 구도와 색조를 달리한다.

우암산은 시가지의 배경이지만 건물 틈새를 통해 초록을 선사한다. 시가지에서는 우암산에 쉽게 다다를 수 있고 정상까지도 갈 수 있다. 경관의 오격을 지녔다.

첫째, 우암산을 사직동 고갯마루에서 보면 소와 같은 형상이 잘 나타난다. 들판에서 한가롭게 풀을 뜯는 소의 모습을 상상하며, 정겹고 풍요로운 청주의 목가적인 분위기를 느낄 수 있다.

둘째, 벚꽃으로 만개한 우암산 순환도로는 시가지를 배경으로 산림 사이로 구부러져 가면서 이뤄내는 여든여덟마흔 넷의 시각 전환점을 왕복할 경우의 수의 굽이마다 다른 벚꽃길을 만들어 낸다. 꽃이 다 졌을지라도 사계의 숲길은 매력적이고 때로 비, 눈이 오거나 운무가 짙은 날은 더 운치가 있다.

셋째, 우암산 수림 사이로 살포시 보이는 청주 성안길을 품은 중심 시가지를 따라 나란히 무심천이 흐르고 무심천 양안의 동로와 서로에 식재된 벚꽃과 수양버들, 소나무 등은 시가지의 가로수와 함께 수범적 도시경관을 표출하는 가경이다.

넷째, 청명한 날 우암산 정상으로 향하는 중턱 콧마루에서 시가지를 보면 나무 사이로 청주 시가지와 남서편 멀리 닭벼슬 같은 계룡산의 능선이 조망된다.

다섯째, 우암산 기슭에 자리한 청주대 청암로 정점부 측면에 식

용화사

재된 목백합 사이로 떨어지는 석양은 대학 건물에 반사되어 캠퍼스와 시가지를 홍조로 물들이고, 해 저물어 가는 들녘과 붉은 노을이 서원경의 운치를 더해 가는 정경이다.

여섯째, 우암산 정상에 이르기 전 동편 발아래로 명암지가 보이고 산기슭의 동물원과 청주 박물관이 눈에 들어온다. 그것을 뒤로하고 정상에 이르면 산림 사이로 무심천의 끝자락에 까치내가 보이고, 청주의 북에서 서북편으로 흘러가는 미호천이 평야를 가로지른다.

일곱째, 해가 떨어진 2시간 후 청주 시가지의 야경이다. 국궁장 입구 직전 산기슭에 해월_{애잔한 사랑을 한 여인}의 묘지가 있다. 그곳에서 바라보면 암흑 사이로 점열된 가로등은 심오하며, 잡힐 듯이 정겨운 성 안길의 휘황찬란한 전展경을 연다.

여덟째, 우암산 순환도로 입구의 삼일공원은 삼일 독립선언문 발기인 33인 중 충북인 7인_{현재 6인}의 동상과 동상 기단이 있다. 그를 배경으로 용화사가 있다. 씁쓸한 동상_{친일을 한 사람} 철거 사연을 뒤로하고 중생을 구제한다는 도량에 들어서면 절간은 고요하고 한가롭다. 소담스러운 대웅전과 요사채 등의 기와, 처마선이 우암산 수림선을 아우르며 경내에 적절하게 차 있는 화목의 사찰경관은 한시적이나마 자연과 조화롭고 심미적인 풍경을 창출한다.

무심천

청원군 낭성면 추정리머구미고개와 가덕면 한계리, 내암리 일대에서 물줄기가 시작되어 청주를 동과 서로 가르는 무심천은 남에서 북으로 흐르는 하천이다. 청주의 상징적 자연물인 무심천은 예부터 서원경을 에워싼 채 흘렀다. 그 물길은 중심 시가지의 옆을 지나 미호천과 합류하면서 금강을 이룬다. 그 형태는 여섯 번의 곡류와 지천양평천, 월운천, 영운천, 명암천, 율량천, 발산천의 합수를 거쳐 부드럽게 만곡을 그리며 퇴적작용으로 천정천이 되었다. 육곡육합六曲六合의 수水경관을 만든다.

무심천의 경관은 하천과 천변, 둔치와 제방, 도로와 건물, 교량과 물섶, 돌다리와 여울 등을 아우르며 구성된다. 특히 청주 시가지에 이르며 평상시 깊지 않은 수심으로 유유히 흐르는 물줄기는 넉넉한 평지를 따라 흐른다. 이곳에서의 경관은 물소리를 배경으로 정적이면서 동적인 물의 심미성에 바탕을 둔다. 고요하고 잔잔한 물길이 유유하게 흐르는 하천일수록 시각적으로 더 강조되는 전개경관을 지닌다. 아울러 주변의 조형체가 잔잔한 물 위로 하늘거리는 실루엣을 만들어 시가지의 전소경이 된다.

무심천의 하류에 이르면 하천 폭이 넓어진다. 이와 함께 수변에 조성된 둔치가 더 개활하면서 광범위하게 수변경치가 전개되고 물의 이미지가 풍부하게 형성되기 때문에 수직적 요소보다는 수평적 요소가 강조된다. 미학의 관점에서 보면 수평적 요소가 강할수록 더 자유롭고 평온한 정감을 일으킨다. 무심천은 물가에 가까이 이를수록 여울이 크게 일렁이면서 주변 조형물의 반사가 더 역동적으로 다가온다. 그에 따라 미학적 감흥은 배가 된다.

게다가 아름다운 수경은 시청각적 물의 매력과 함께 경관체험적으로 얻을 때 그 심미성을 더하게 된다. 어쩌다 제방도로로부터 접근할 양이면 합수부나 곡류부에 만들어진 모래 턱이 모래사장과 더불어 따가운 복사 열기를 전달한다. 그때마다 대조적으로 시원한 물가로 다가가려는 충동을 느낀다. 어찌 보면 인간의 물에 대한 경관인지는 모태적 환경을 동경하는 인간 본성에서 비롯된 것은 아닐까. 더군다나 물은 다양한 속성을 지녔기에 수변과 아우르는 물길일수록 더 매료되게 마련이다. 그에 따라 다양하고 운치 있게 펼쳐지는

하천이 되며 그럴수록 심오하고 풍부한 경관 체험을 갖게 한다.

더욱이 청주인에게 정겹게 다가오는 무심천은 자의적으로도 무심이라는 심오함을 지니고 있다. 〈한국사〉 7권에 따르면 "무심이라 함은 마음을 허공처럼 비우게 하여 놓은 상태이지만 비우게 한다는 그 마음도 없애야 하며, 다시 나아가서 비우게 한다는 그 마음을 없애는 그것조차도 또한 없애야 한다. 그는 마음가짐에 있어 무엇보다 '무심'을 중히 여긴 것이니 이 무심이야말로 참다운 마음이라 한다"라고 했다. 어찌, 우리가 무심천의 양태를 이루 다 헤아릴 수 있으랴! 무심천에 다가갈수록 정경이 다가온다. 귀한 품격의 수경관이다.

상당산성

상당산성은 충북 청주시 상당구 산성동에 위치한다. 상당산성이 처음 축성된 것은 백제시대 때 토성으로 만들어진 것으로 추정된다. 장수나 순라군처럼 성 위를 무리 없이 일주할 수 있도록 보존된 산성은 국내에서 흔치 않다. 요새로 출발한 상당산성이지만 주위의 산림경관과 발아래로 강과 들이 전개되는 관조경관을 형성하고 있다. 이곳은 숲과 산, 성과 성문, 호수와 성내 마을의 근경을 이루면서 산의 능선과 산림, 전답과 호소 등의 중경을 아우르며, 청주 시가지, 오창과 오송의 신시가지, 미호천과 평야의 원경을 형성하고 있어 조망되는 전(全)경을 펼쳐 경관의 품격을 갖는다.

전래적 경관 형식으로 말한다면 상당산성의 일주에 의한 임림회유식臨林回遊式 경관을 체험할 수 있다. 그 경관은 위치와 시각에 따라 감흥이 다르지만 상당산성 회유팔경을 대표적으로 뽑을 수 있고 경관의 오격을 갖는다.

첫째, 높이 3.5m, 너비 4.2m인 공남문에 무사석네모반듯하게 다듬어 성벽이나 담벼락에 높이 쌓아 올린 돌으로 홍예문을 만들고 그 위에 정면 3간, 측면 2간의 목조 문루궁문, 성문, 따위의 바깥문 위에 지은 다락집를 세웠다. 성문 좌우로 방호를 위한 치성이 있으며, 전래된 산성의 인상적인 도입부 전개경관이라 볼 수 있는 정경이다.

둘째, 전형적인 야산이 손에 와 닿고 충신 김시습시비가 있어 유구한 초야에 눈이 머문다. 성문과 성의 외곽선은 산성경관의 백미다.

셋째, 공남문에서 서문미호문 쪽으로 성곽을 따라 오르다 보면 중간쯤 암문성벽에 누각이 없이 만들어 놓은 문이 있다. 맑은 날에는 그곳에서 속리산의 원경을 뒤로하고 발아래로 펼쳐지는 산과 들 사이로 청주 시가지가 보인다. 근경, 중경, 원경의 심미적 대조를 표출한 전숲경이다.

넷째, 청원군 서측의 산야를 관조하면서 성곽을 따라 걸으면 미호문이 나타난다. 성문 측면의 성곽은 지형에 따라 구불거리며 주변의 꽃벚꽃과 연산홍과 수림은 원근에 따라 시각적 구도와 형색을 주변과 아우른다. 성문을 향한 위요경관이 나타난다.

다섯째, 북측 성곽은 고도가 높은 곳이다. 발아래 보이는 미호천과 평야, 진천 쪽 산야가 아스라이 펼쳐지는 전개경관은 장관의 배경이다.

여섯째, 높이 2.7m, 너비 2.8m인 진동문에 문루가 있으며 성문은 무사석으로 네모지게 축조하였다. 내리막과 오르막 지형의 중간에 위치한 진동문은 성 안쪽으로 들여져 있어 성문에 초점을 두고 구

부러진 성곽의 선형성을 표출한 원근경관이다.

일곱째, 성내의 군사를 지휘하였던 동장대_{장수가 산성을 지킬 때 올라가서 지휘할 수 있도록 높게 만든 동쪽의 대}의 기능을 지녔다는 보화정에서 성내 마을과 저수지가 나무 사이로 보인다. 근처 정원이 현대적 정원수법이 가미된 보화정의 측정이라면 중심건물의 측면경관을 만들고 있는 풍경이다.

여덟째, 원래 산성 동남방에 수구가 있고 당초 수자원적 기능의 저수지가 만들어져 있다. 성내에 펼쳐지는 마을의 실루엣이나 수림 사이로 드문드문 보이는 성문과 성곽은 산성경관을 형성한다. 계절에 따라 산성경관의 운치를 더하고, 눈 쌓인 설경은 흑백 대조경관의 극치를 보이는 가경이다.

흥덕사지와 고인쇄박물관

흥덕사지는 1985년에 실시된 발굴, 조사에서 "서원부 흥덕사西原府興德寺"라 새겨진 금구禁口 조각과 "황통 10년皇統十年 흥덕사興德寺"라 새겨진 청동불발靑銅佛鉢 뚜껑 등이 발견되었다. 이로써 문헌상으로만 "청주목외淸州牧外:청주 교외 흥덕사"라고만 전해 왔었던 역사경관지다. 이곳이 1377년 금속활자를 직접 주조하여 경한이 〈불조직지심체요절佛祖直指心體要節〉을 인쇄한 세계 최고가장 오래됨의 금속활자 유적지임을 알게 되었다. 1440년에 인쇄된 구텐베르크의 〈세계심판〉보다도 63년 앞서 이곳에서 인쇄되어 현재 파리국립박물관에 보관 중인 〈불조직지심체요절〉은 세계에서 가장 오래된 금속활자본이다.

이 유적에서 확인된 유구로는 금당지, 강당지, 탑지, 서회랑지 일부가 드러났고, 토제품인 기와, 전, 치미편, 방추차, 민무늬토기편 등과 청동제품인 금구, 소종, 금강저, 향로, 수반 등이 출토되었다.

발굴 조사 결과, 이 사찰은 대체로 9세기에 창건되었고 15세기에 폐사된 것으로 추정된다. 세계 문화사적으로 전승되어야 할 추정 사찰경관의 대상이다.

그러나 이곳 일대에서 행해진 택지개발공사 중 금당 남쪽의 탑지, 중문지 부분과 동회랑 부분이 훼손되어 그들 건물지의 위치와 규모가 불확실한 상태에서 추정 정비되었다.

특히 금당지와 탑지에 건물과 탑을 복원하였고, 사지 앞 남서쪽에는 인쇄 역사를 알 수 있도록 1992년 3월 17일에 고인쇄 전문박물관을 개관하였다. 현시대의 원형추정 복원 전시 공간을 창출한 셈이다. 신라, 고려, 조선시대의 고서적, 그림 모형 등과 이곳에서 발굴된 고려유물들이 인쇄문화실과 유물실로 구분 전시되어 있어 인쇄 문화에 대해 시각적으로 비교할 수 있다.

청주 흥덕사지는 세계 문화사적 가치가 있는 유적경관을 갖고 있다. 일부 표출되는 유추적 사찰경관은 완벽하지 않지만 금당지 중심의 건물과 배경의 수림이 주요소로 구성되어 있다. 당초 청주목에서 보행으로 1시간 내외가 걸리는 사찰과 진

흥덕사지

고인쇄박물관

입부에서 일상보행권 접근로가 있었을 것으로 유추된다. 따라서 제대로 복원을 하려면 가람에 이르는 길을 따라 옛 풍광으로 재현되어야 하지만 현 여건상 원형을 찾기가 용이하지 않다. 현재 부분적이나마 조성된 흥덕사지는 역사공원의 성격과 전문박물관의 기능을 갖추고 있어 고인쇄 문화에 대한 학습과 고찰에 이르는 추정적 체험을 가능하게 하는 전승경을 지녔다.

박물관은 고인쇄 과정을 살펴보면서 세계적인 자산을 갖고 있다는 한민족의 자긍심을 느끼게 한다. 서원경의 문화가 유추된 유적지에서 선조들의 예지를 알아가는 근경으로서의 주변 수림과 탑 사이로 관조되는 우암의 산자락이 원경으로 성큼 다가선 풍경이다. 이곳은 선조가 살았을 시대를 돌이켜 보게 하며, 직지야말로 문화민족으로서의 내재적 가치를 무궁하게 하고 창조적 원천이 되리라는 신념을 갖게 한다. 직지를 착안한 선조의 혜안과 선각이 세계로 뻗어 가는 한국인의 내공을 키우는 밑받침이 될 수 있으리라. 직지를 낳은 이 땅을 사랑하는 마음이 우러나오고 애국애족의 생각이 절로 드는 정경이다.

흥덕사지는 상징적 사찰유적경으로 태동하는 맹아적 의미를 가지고 있으며 직지라는 탁월한 고인쇄의 세계문화유산을 전래해야 할 책무를 느끼게 하는 관상적 역사문화경관으로 거듭나야 한다. 그러므로 미래에 다듬어져야 할 흥덕사지는 선인들의 창의력과 탁월성에 기초를 둔 추정적 사찰경관에 심미적 완결을 유발 창조시킴으로써, 항구적이고 수범적인 관상적 문화경관유산으로 전환하는 기법을 시현해야 할 장소가 되어야 할 것이다.

성안길과 철당간 지주 광장

청주 성안길은 일제시대에 형성된 이래 도심부의 대표적인 상권 지역으로 충북 지역에서 가장 많은 인구가 몰리는 곳이다. 2000년대 초부터 보행로 정비와 대형 쇼핑센터, 패션 문화공간으로서의 청주 로데오 거리가 들어서면서 신시가지로 변모되고 있는 전全경이다.

성안길 상권은 가로와 광장에 접한 상점들이 재래시장육거리시장과 맞닿으면서 주변에 약전골, 가구, 전기 전자용품, 조명기기 등의 보완적 생필품을 취급하는 전문점과 연계되어 있다. 생활경관이 폭넓게 표출된다. 넓게 보면 문화동, 서운동, 석교동, 남문로 1·2가, 북문로 1가 등이 포함된 단핵 지향적 전통 도심의 풍경이다.

성안길은 상점, 보행로, 교차로, 가로장치물과 함께 보행인 등이 어우러진 가로경관을 형성한다. 상점의 평균 층수는 3층 정도고, 시각적 접근성이 부각되는 보행전용적 가로와 광장의 중심적 경관,

중심상업기능의 시가지 풍물을 나타낸다. 충북에서 사람이 모이거나 홍보되어야 할 각종 축제, 시민 활동, 사건 유발적 행사가 이뤄질 수 있는 곳이다. 또한 청주 시가지의 야간활동이 일어나면서 심미적 야경을 나타내는 가경이기도 하다.

성안길의 가로와 광장 경관은 유동인구의 활발한 행태에서 비롯되는 인간경관이 바탕이라는 특징이 있다. 도시생활을 영위하면서 표출되는 현존 인간 활동을 건축과 거리, 구조물 등의 조형 공간에 수용하는 양태를 지니고 있다. 중심 지역에서 현대 도시인의 희로애락이 대표적으로 묻어나는 가로와 광장 경관을 나타내고 있는 정경이다.

그와 함께 청주시의 유일한 국보인 용두사지 철당간 지주와 인접 광장이 있다. 1962년 12월 20일에 국보 제41호로 지정된 청주 용두사지 철당간은 청주시 남문로 2가에 있다. 당간의 지주는 화강석으로 된 지지대 기능의 기둥으로 마주 서 있고, 그 사이에 원통 모양의 철로 된 당간 20개를 연결시켜 곧추세웠다. 양 지주는 바깥면 중앙에 세로로 도드라지게 선을 새겼고, 지주의 맨 위쪽에 고정 장치를 만들어 당간이 움직이지 않도록 하였다.

특히 철당간의 밑에서부터 세 번째의 철통 겉면에 철당간을 세우게 된 동기와 과정 등이 양각되어 있다. 이 명문금석이나 기명 따위에 새겨 놓은 글에 따르면 962년에 건립되었고, 원래는 30개의 철통으로 되어 있었고 꼭대기에 용두를 한 형상을 두었다 한다. 주형상적 수직경관의 초점 대상이다.

당간은 사찰에서 기도나 법회 등 의식이 있을 때 당幢을 달아 두는 기둥을 말한다. 신라시대 이후로 사찰의 건립과 동시에 많은 당간이 설치되었으나 대개 석조로 된 지주만 남아 있고 당간은 없어졌다. 현재까지 용두사지와 보물 제256호인 공주 갑사甲寺의 철당간과 경기 유형문화재 제39호인 칠장사 당간 3개만이 남아 있다. 전통적 수직 경관의 수범이다.

또한 옛날 청주에는 홍수가 자주 발생하여 백성들의 피해가 많았는데, 어느 점술가가 큰 돛대를 세워 놓으면 이 지역이 배의 형상이 되어 재난을 면할 수 있을 것이라고 일러 주었다. 그 말을 들은 사람들이 돛대 구실을 하는 당간을 세워 놓은 후로는 홍수가 들지 않았다는 일화가 있다. 이후 시가지가 선형으로 발달하면서 배의 형상을 하고 있어 청주를 주성舟城이라 불렀다 한다. 청주 읍성의 가로경관은 배의 이미지를 갖고 있는 주성의 추정적 역사문화를 안고, 살아 있는 성 안길의 맨스케이프가 시시각각으로 형성되고 있는 귀한 품격이다.

낙가산

낙가산은 청주 동부 지역으로 사람들이 즐겨 산행을 하는 곳이다. 여러 코스가 있지만 마음먹고 4~5시간이 걸리기도 하는 11.8km의 산행은 낙가산의 주변 주요경관과 배경을 주유할 수 있다. 이는 도시 근교 산행 체험경관의 수범이다.

567년에 법주사를 창건한 의신이 창건했던 보살사는 낙가산 중턱에 있다. 법주사의 말사로 청주시 근교에서 가장 오래된 절이다. 778년 이후 네 번에 걸쳐 중수하고, 1683년에 일륜이 중건하여 오늘에 이른다. 따라서 산사의 고찰로서 지녔던 가람의 배치와 접근로, 배경이 그리 손상되지 않은 채 공간적 혹은 형태적 원형을 유추하기에 적합한 곳이다. 절을 찾아가다 보면 천년을 넘나드는 오솔길의 냄을 맛볼 수 있다.

사찰 경내에는 조선 선조 때 중수된 극락보전을 비롯하여 명부 전, 삼성각, 수각, 요사, 부속 건물, 괘불, 오층석탑과 중수비, 석탑 옥개석, 동종 등이 있다.

절에 이르는 길이 도시 주변에서는 흔하지 않은 한적하고 아담한 접근경관을 낳고, 가람의 입구 돌담길과 느티나무는 만다라의 보처를 지키는 듯하다. 보살사 경내의 소담스러운 사찰경관은 금방이라도 도인을 만날 것 같은 운치를 지녔다. 삭막한 현대도시에서 전래되어야 할 고즈넉한 사찰경관의 백미를 보는 듯하다.

선조 때 보살사에 있던 백상이라는 중과 이참판의 여식 운선 아씨의 애절한 사랑 얘기를 들으며 산을 오른다. 옛 중들이 지나던 고개라고 해서 오늘날 그 고개를 구중고개라 하고, 새로 넘나드는 길목을 오늘날 중고개라 하는데, 그곳이 바로 현재의 용암동이다. 정상을 향한 능선 중턱에서 청주 용암동과 신흥개발지 미평뜰에 들어선 아파트를 볼 수 있다. 아이러니컬하게도 옛 절로 산행을 오던 길과 터에 회

보살사

색 콘크리트 덩어리가 확산되고 있다. 자연과 함께했던 선조들의 정서가 그리워진다. 아스라이 멀어져 가는 자연 능선을 따라 옛 모습을 잃어 간다 할지라도 중고개라는 흔적지명만은 우리의 심금을 울린다.

낙가산 정상에서 보는 우암산의 전숲경은 청주 시가지의 후면을 안고 있다. 간혹 새로 개발되는 신시가지며 도로가 산허리춤에서 살짝 모습을 드러낸다. 급속한 개발로 변화되는 벌거숭이 산야의 황망함에 따른 시각적 이질감을 반복적으로 표출하지 않기만을 바랄 뿐이다.

산정에서 급경사를 따라 내려가면 것대산으로 향하게 된다. 것대산은 주위의 시야에 거칠 것이 없어 고려시대부터 이미 봉수대가 설치되어 있었으며, 1895년 봉수제도가 폐지될 때까지 기능을 하였다.

것대산 봉수대는 청주시 산성동 것대산거질대산의 서쪽 산봉우리에 위치한 내지봉수로 남쪽으로 문의면 소이산 봉수에서 신호를 받아 북쪽 진천읍 소을산 봉수로 연결하는 역할을 하였다. 〈세종실록지리지〉에는 거차대 봉수로, 〈신증동국여지승람〉과 그 이후의 지리지에는 거질대산 봉수라고 기록되어 있다. 이곳에는 봉수지와 방호벽으로 쌓았던 석축 등의 흔적들이 남아 있다. 지금은 근처 개활지를 패러글라이딩 활공장으로 써 거침없이 퍼지는 개활경관을 유용하게 한다. 낙가산에서의 관조경관은 산야와 시가지, 하천, 수림 등의 조화로운 일괄 장관을 표출한다.

부모산

　청주 서부의 흥덕구 강서동에 부모산이 있다. 상당산과 상당산성이 청주 동쪽의 지표물이라면, 부모산과 부모산성은 서쪽의 상징적 지표물이다. 성내에는 연화사라는 사찰과 피난 전설을 간직한 모유정이 있다. 부모산은 원래 아양산, 악양산이라 불렸다. 몽고 침입 때 사람들이 이곳에 피난하여 모두가 무사할 수 있었는데, 이때 성 안에서 샘물이 솟아 살아났으므로 그 은혜가 부모와 같다 하여 부모산이라 부르게 되었고, 그 우물을 모유정이라고 불렀다. 전래적 경관자원을 지닌 배경이다.

　전통적 경관 중 시적 시각에서 보면 부모산을 원림회유식 산성 경관으로 전환해야 하지만 현재는 원점회귀 산행으로 4시간 정도 걸리는 코스가 있다. 부모산 충렬사를 거쳐 지동능선을 지나면서 미호평야, 미호천과 옥산 뒤 동림산까지 보이는 풍경들은 우리네 농촌의 전형적인 전개경관이라 할 수 있다. 나지막한 마을과 뒷동산, 동구 밖 들판과 논밭 사이로 흐르는 작은 시내와 개울, 군데군데 서 있는 미루나무나 느티나무 등이 어우러져 있다. 농촌의 흔적을 관조하는 기쁨을 갖는 시각적 대상이 남아 있다.

역사를 1천여 년 거슬러 올라가 산정에 서 보면 미호천과 넓은 평야가 펼쳐져 있다. 삼국의 접전이 있었을 법하여 "산천은 의구하되 인걸은 간데없네!"라는 회고가 발아래 펼쳐지는 전경과 함께 되뇌진다. 주변 산림은 푸름을 더해 가면서 시선이 푸른 산과 평야의 원경에 시각적 평온을 찾는다. 간혹 나뭇가지 사이로 무너져 가는 성벽이 보이고, 전설을 간직한 모유정의 사연에 천년의 세월을 넘어 멀리 빠르게 내닫는 고속도로에 눈이 간다. 청주 나들목을 지나서 분주한 오송 신도시의 개발로 내닫는 차량은 마침 지나는 충북선 기차와 경쟁하듯 들판을 빠져나간다. 개발과 보전의 조화를 이끌어 내야 하는 기법을 시현할 수 있는 터전이다.

부모산의 산림경관은 낮은 저산성 지대의 작은 산이라 역동적 풍광은 기대할 수 없으나 주변을 활용하면 등산과 함께 청주의 역사문화와 자연, 숲을 보는 경관체험을 가질 수 있다. 부모산 서부 기슭에 청주시 폐기물 관리 사업소가 있다. 이곳에 도시의 필수불가결한 혐오 시설이 입지할 수밖에 없었던 사연을 들으면서 여러 가지를 생각하게 한다. 우리 지역에서 발생하는 쓰레기를 모아서 처리해야 할 곳을 청주의 관문에 둘 수밖에 없었던가 하는 아쉬움을 남겼지만 청주를 위해 차선의 입지 결정이 있었고, 그를 지역민이 수용했던 뜻이 있는 정경이다. 우리가 배출한 폐기물이 주변의 경관과 어울리지 않지만 그를 수용하고 있는 인근 주민에 대한 고마움을 느낄 필요가 있으리라. 이 또한 우리네 삶의 일부임에 틀림없다. 코를 자극하는 냄새가 좀 나기는 하나 돌아보면 겸허한 자세를 아니 가질 수 없다. 더구나 청주의 관문인 가로수길과 연계하여 임림회귀적 산행과 답사를 겸하면 시각적 연속체를 경험한 경관체험이 소박한 전개경관을 관상할 여유로움을 준다. 이곳 주민과 문화적 보전을 위해서라도 부모산 산성이 시급히 복원되면 찬란한 역사교육현장이 될 수 있는 전全경이다.

숲 속 호젓한 오솔길은 아름답고 성곽의 흔적은 추정적 역사경관을 가늠케 한다. 경관이 장대하거나 놀라운 괴기성, 화려한 장관은 아니지만 평범하고 눈에 익은 보편적 경관이 어느새 우리 생활 속에 자리매김하고 있음을 알게 된다. 부모산은 넉넉하고 소담스러우며 소박한 삶을 안겨주는 평상적 경치와 풍물을 슬그머니 우리 곁에 놓고 가는 곳이다. 아름다움이란 우리들의 삶에서 자연스럽게 나오듯 늘 있는 일을 알아가는 것이 아닐까.

충주 8경

충주 탄금대에서 본 남한강과 탄금대교

탄금대

충주 탄금대는 충북 충주시 칠금동 산1-1번지에 있다. 국토의 중심을 품은 곳이다. 역사적으로도 충청의 수부성과 상징성을 지닌 중원문화의 중심에 속한 고장이다. 중원은 국토의 번영과 국민의 평강이 넘칠수록 그 기운이 강성해지면서 외연으로 확대되는 경향을 갖는다. 충주가 지니고 있는 국토의 중심성은 한민족의 중추적 기능을 표출하는 원천이다. 충주가 지니고 있는 자연자원과 역사문화의 유산은 국가의 소중한 것들이다. 그중에 재래로부터 혹은 시민들의 의식 속에 남아 있거나 전해져 오는 충주팔경은 충주인의 자랑이자 삶의 일부이기도 하다.

충주로부터 1시간 이내의 거리에는 국립공원 월악산, 소백산 등 유명한 명산 명소가 많아 피서나 자연을 관상하기에 부족함이 없다. 그러나 우리 삶의 일부로 다가온 충주팔경은 짧은 시간으로 한적한

나들이나 관조할 수 있는 곳들로 자연경관의 아름다움은 물론 중원문화의 발상지로서 많은 전설과 역사적 의미를 담고 있다. 중원의 상징적인 전(全)경을 갖는다.

역사적으로 볼 때 충주팔경을 어떻게 그 선후를 자리매김하느냐는 시대에 따라 혹은 가치관이나 선호도에 따라 달라질 수 있다. 다시 말해 현대 도시성과 도시민의 차원에서 그 경관적 가치를 재해석하면 충주팔경은 달라질 수 있다. 또한 재래의 팔경이 아닐지라도 경관을 담는 정성과 애착을 가지고 가꾸면 조형적 요소가 첨가되면서 심미성을 갖게 될 수도 있다.

통상 충주팔경은 계명산, 탄금대, 중앙탑, 두무소, 장미산, 목계진, 삼등산, 금봉산 등의 순서로 알려져 왔다. 그러나 전국적 명성과 경관자원적 수월성, 시민의 선호도와 접근성을 감안하면 충주의 제1경은 탄금대다. 탄금대의 암반과 노송은 역사적인 유래와 교훈에 걸맞는 풍경을 만든다. 탄금대 풍경은 주변의 금수강산을 지닌 중원의 배경에서 비롯되는 오행에서 외연적 오경 중 전(全)경의 속성을 표출하고 있다. 관찰 지점에 따라 국면과 상황이 달라지는 내연적 오경을 품고 있는 전형을 볼 수 있다.

탄금대는 대문산이라는 야산을 일컫는다. 신라시대 가야 망명인 악성 우륵이 가야금을 타던 곳이라 하여 탄금대라는 지명이 생겼고, 서편으로 수 km 떨어진 곳까지 그 소리가 들렸다 하여 청금이란 지명도 있다. 1592년 임진왜란 때 삼도도순변사로 임명된 신립 장군과 관병 8천이 고니시 유키나와와 가토 기요마사의 왜병 2개 군단을 맞이해 배수진을 치고 결사항전으로 북상해 오는 적군과 대결했으나 힘이 미치지 못해 패배, 부하 장수인 김여물과 함께 강물에 투신 자결하였던 곳이기도 하다. 역사적 의식에 정경이 다가오는 명상경관이다.

탄금대의 흐르는 강물을 바라보고 있노라면 세월이 유수 같음을 깨달으며 역사적 교훈을 터득한다. 남한강과 달래강의 물결이 거칠게 합류하는 합수머리로 태극길지로 통하는 곳이다. 멀리 계명산과 금봉산이 보이며, 삼등산 줄기를 이어 가는 산악경관은 탄금대의 배경이다. 배경에 걸맞은 수경관과 어우러진 수변의 전展경이 펼쳐진다. 산하가 조화로운 명승지로 울창한 송림 속 벤치에 앉아 조형예술 작품들을 감상하다 보면 부질없는 세상사를 절로 잊게 하는 묵상의 순례적 경관임을 알게 된다.

남한강으로 에워싼 탄금대의 정자와 낭떠러지는 물가가 어울리는 가경이다. 유구한 세월을 흐르는 강을 보고 물가로 이어지는 탐방로를 따라가면 생사를 초월하며 무한의 상념으로 이끄는 미묘한 하천경관이 오랜 장송 사이로 다가오는 관조경관을 경험하게 된다. 솔 내음은 가진 풍파에 찌들었던 폐부에 상쾌함을 안기고, 이타의 정신과 자아를 초월한 오성을 스미게 하는 명상경관의 백미라 할 수 있다.

계명산

계명산은 때와 곳에 따라 산, 강, 호수, 마을 등과 조화로운 관망, 조망의 경관을 아우른다. 충주의 여명을 밝히는 계명산은 관찰점에 따라 상이한 능선 형상과 외재적 경관을 이루며, 사계 색채의 조합이 확연히 구별되는 특성을 갖고 있다. 외연적 오경에서 산세의 흐름과 부합하는 산악의 전$_全$경이 뚜렷하다. 산에서의 관찰 대상이 다양하며 내재적 경관은 충주의 격을 드높인다. 풍부한 경관자원을 가졌다. 시청 동쪽 4.8km 안림동에 속한 계명산은 닭 울음소리가 끊이지 않았다는 데서 유래된다.

정상에서 새해 일출과 춘추 일몰은 장관이며, 산과 운해를 볼 수도 있다. 동으로 월악산 영봉과 제비봉, 서로 장미산, 보련산, 국망봉, 남으로 조령산, 마패봉, 신선봉, 북으로 삼등처-지-인등산 등이 관망된다. 산과 호수, 마을이 산수화처럼 조망이 펼쳐진다. 아스라이 산세를 이어 가는 경치는 내연적 오경 중 전展경을 보인다. 그것은 우리나라에서 아름다운 전통도시의 마을과 산수가 조화로운 관조관망-조망경관 중에서 으뜸의 자원을 지녔음을 일깨운다. 금수강산의 한국 산악전展경의 전형을 나타내고 있다. 게다가 현대조경기법에서 응용하는 이야기 찾기의 경관자원 요소가 계명산과 충주호수에 널려 있다.

계명의 산세는 남한강 흐름의 만곡을 세 번 바꾸었다. 남서방향에서 올라와 반원을 그리며, 지등과 계명을 끼고 돌면서 북서, 서, 남서 방향으로 바뀌다가, 충주 서쪽의 탄금대에 이르러 반향 곡선를 그리며 북서쪽으로 흘러간다. 산악과 하천이 이루는 전展경이 방위를 달리하며, 각 향과 일조에 따라 명암이 개성적으로 변화되는 양상을 보여 줌으로써 감흥을 더한다.

충주 댐 우측으로는 제천과 원주의 경계에 백운산이 십자봉을 거쳐 다릿재를 지나 천등산을 세우고, 느릅재를 거쳐 인등산을 솟구친 후 지등산, 관모봉, 부대산을 이어 가 포탄리에서 강물로 깃든다. 청산이 호수에 어리며 산세를 켜켜이 펼치는 점진적 산악경관의 구도는 국가경관임을 자부한다.

그 산야에 조성된 충주호는 호수경관의 자태를 계절과 시각에 따라 표출하며, 호수와 산기슭의 수변 풍광은 살아 있는 풍경화와 같다. 호수의 물안개와 산 사이의 운무는 수변생태에 영향을 주고 산자락에 계명산 휴양림, 대몽항쟁탑, 마즈막재, 아리랑고개, 충주호수길 등은 산림, 호수, 기념물, 도로 경관의 다양성을 체험하는 기회를 준다. 경관의 품격이 귀하고 부하다.

충주 호수길과 계명산 둘레길, 등산로에 전설적, 혹은 시적 변용에 따라 이름을 붙이고 조경 소재를 창의적으로 다듬는다면 시민의 삶을 풍요롭고 건강하게 할 수 있는 산수의 복합경관을 형성할 수 있다.

등산을 댐 근처에서 시작하면 심항산 봉수대가 관상되며 발아래 호수와 산의 전개경관은 일품이다. 남산을 끼고 하산하다 보면 도시경관이 충주 신개발 순차로 펼쳐지면서 가로와 건물이 격자형으로 열지여 가는 조망 시가경관이 성큼 와 닿는다.

중원문화의 시각적 매력의 본원으로 여겨질 계명산과 아기자기하게 솟아 있는 봉우리마다 남한강과 충주호 조망점 확보, 시가지의 가로경관 통제를 통해 슬기로운 외내적 경관 계획을 엮을 수 있다. 또한 우리가 찾아야 할 중원문화경관의 수범으로서의 산수연계경관을 시현할 명품자원이다.

중앙탑공원

중앙탑공원은 도시공원과 녹지 등에 관한 법률에서 주제공원역사·문화·수변·묘지·체육 공원 등 중 역사 공원의 성격을 지닌 곳이다. 외연적으로는 전全경을 펼친다. 내연적으로 곳곳에 강변과 호수의 풍경을 이루며 관찰지점에 따라 전展경과 정경을 품는다. 도내에서는 오래되고 한민족사적으로 의미심장한 기념물경관 중 비중이 큰 자원이다. 한민족의 부침과 대륙 진출의 한을 되새겨 볼 수 있는 상징경관을 함의하고 있다.

이곳은 달천과 남한강의 본류가 합수하는 길지에 있다. 경상도 빗물이 흘러 들어오는 곳이다. 달천의 머리부로 경상도 상주의 하천이 화북면 중벌리에서 발원하여 괴산호를 불리고, 강원도를 거친 남한강을 만나 충청도와 경기도에서 키워 북한강과 만나 서울로 흘러가는 뜻이 함유된 곳이다.

충주는 삼국시대부터 국원國原, 중원中原이라 불렸다. 그것은 국

토의 중앙이며 중심을 상징하는 것이다. 충주의 기능은 중추성에 기
반을 둔 셈이다. 충주의 장소성은 중앙탑^{명칭은 중원 탑평리칠층석탑}을 세운
연유에서 비롯된다. 충주가 중심 고을의 상징적 의미를 지닌 탑이다.
전설에 따르면 통일신라시대의 경우 영토 위치로 보아 탑의 위치가
중앙이 되는 지점에 있기 때문에 전해진 것이라 보았다. 당시 선조들
은 충주가 국토의 지리적 중심과 인구, 자원 중점의 백타 총화 기준
이 되는 것을 알았다.

국보 제6호인 중원 탑평리 칠층석탑은 통일신라시대 때 세워진
것으로 간주되고 있다. 언제부터인지 몰라도 우리나라의 중앙에 위
치해 있다고 해서 흔히 중앙탑이라고 불린다. 신라 원성왕대에 세워

졌다는 전설이 있는 탑은 통일신라시대의
석탑 중 가장 키가 큰 높이 14.5m의 유일
한 칠층석탑이다. 2층 기단 일반형 석탑으
로 탑신에 비해 기단부의 너비가 넓다. 기
단은 각부를 거형석으로 조립하였고, 상하
층 기단이 모두 면석에 4개의 탱주로 세워
놓았다. 탑신부도 거형석으로 구성하였고
위층으로 올라갈수록 좁아지며 중첩되었
다. 탑은 소중한 경관자원이며 주변 관련
경관의 품격은 귀하게 이루어지고 있다.

탑이 하늘을 향한 초점경관이며 동으
로 백두대간 산악의 점진적 중첩경관과 구

릉지, 시가지경관, 남으로 검단산의 능선과 팔송산의 차경, 서로 상진 대, 황금산의 산림경관, 북으로 장미산의 산림경관과 산성의 조망경 관이 배경을 이루고 있어 산수의 위요경관이 조화롭다.

역사가 흐르는 물가로 접근하여 사유하면 유라시아 대륙과 태평 양을 향하는 통일 민족의 웅지웅대한 뜻를 키워야 할 성지적 요소를 지 닌 장소성이 있음을 깨닫게 한다. 근경의 잔디밭과 푸른 초원, 합수 를 엮는 사이로 중경의 시가지를 안고 점층적 산악경관이 켜를 두고 위요되는 원경은 경관적 소재를 듬뿍 담은 곳이다.

탑 주변에는 '문화재와 호반예술의 만남'이라는 주제로 조각 작 품 26점을 전시한 충북 최초의 야외 조각공원과 시민 위락시설이 있 다. 또한 호반 같은 강물에 조정경기장시설과 술박물관이 연담되어 누구나 쉽게 접근 가능하다. 장래 강 너머 구릉지와 주변 외연을 확 대하여 국가기념공원화해야 할 성역의 대상이다.

두무소

두무소는 금가면 하담리 두담 마을 깊은 소에 위치한 강섬이다. 외연적으로는 선경을 나타낸다. 내연적으로는 관찰 지점에 따라 배경과 풍경이 각기 강하며 일부 국면에서의 정경이 돌출한다. 강섬의 특징은 노자의 상선약수의 상징성을 지녔다. 세상의 가장 선함은 물과 같음을 의미한다.

두무소는 정유재란 때 명의 책사로 활동한 당대의 최고 풍수사였던 두사충이 길지를 찾은 기쁨에 춤을 춘 곳이라 해서 붙여진 지명이다. 〈충주의 구비문학〉에 따르면, 이여송과 두사충은 항상 명산대천에 대한 비혈을 찾는 데 혈안이 되어 있었는데, 어느 날 두사충이 금가면 두담 마을에서 강 가운데에 있는 섬 자리에 올라 서편을 바라보다가 그토록 찾던 비선혈飛仙穴을 본 것이었다. 일반적으로 풍수전설은 양택풍수와 음택풍수로 나뉘는데 비선혈은 음택풍수에 해당한

다. 명당에 묻히면 신선이 될 수도 있고 당대에 발복할 수 있다고도
한다. 당시 풍수에서 말하는 비선혈이란 신선이 되어 영생불사에 이
르는 묘혈을 일컫는다.

특히 학은 신성한 영감을 지닌 새로 여겨지고 있었고 그 새가 지
향하는 방향이 태양을 쫓아 명멸되는 서쪽으로 동행하다 다시 살아나
는 여명의 해와 같은 영험함을 지녔다고 생각했다. 그런 맥락에서 그
들이 찾았던 금가면 두담에서 서쪽으로 있는 하비등천혈鶴飛登天穴이라
고 믿고 있었다고 여긴 것이다. 주위의 산수가 조화를 이뤄 자신이 찾
던 비선혈을 강 건너 장미산 기슭에서 발견한 기쁨에 지필을 꺼내 그
림을 그리고 너무도 기뻐 춤을 덩실덩실 추었다 한다.

또 다른 일설에 따르면 그들은 명당을 찾아 중국 천지를 탐사하다
가 소문에 조선의 지세가 신묘하여 영웅호걸이 많이 배출된다고 듣던
차에 조선에 와서 보니 발길 닿는 대로 보는 곳마다 명당이 아닌 곳이
없음을 알았다.

비선혈을 천신만고 끝에 찾은 두사충은 강을 건너보니, 내연적
풍수는 완벽하나 외연적 풍
수에 실망을 했다고 한다. 그
것은 장미산의 형세가 구릉
지로 남한강 합수부의 태극
길지를 안고 있고, 동남쪽 백
두대간의 점진적 산악에 버
금가는 서북쪽 대응된 산세

를 이루지 못한 아쉬움이 있었기 때문이다.

　이는 그 기운을 감내하는 조선인에게는 적합하나 서북쪽의 중국인에게 맞지 않음을 뜻한 것이었다고 유추된다. 동남쪽에 비해 서북쪽 산세가 미약함은 동남쪽에서 올라오는 일본을 향한 전세의 불리함을 예측한 것이었다. 이와 같은 외연적 풍수의 기운을 유인하는 힘이 내연적 풍수의 기운처럼 하늘에 닿을 정도는 아니었다고 본 터에 그토록 좋아 보이던 명당이 중국인에게는 길지가 아님을 깨달았기 때문이었다고 유추된다.

　강을 건너가 본 두사충은 조선인이 아닌 자신에게는 명당이 아니라 아쉽게도 운이 안 닿고, 그저 평범한 평지에 불과함을 알고 실망해 중국에 묻힐 것을 결심한 뒤 돌아갔다 한다. 신풍수설에서도 사람의 마음과 몸의 그릇에 따라 상대성 원리가 있음을 강조한다. 명당은 운명론에 의한 임자가 따로 있다는 전설적 의미를 지닌 풍수함축경관의 태두로 볼 수 있다.

　두무소와 같은 명당희구전설은 우리나라 전역에 나타나고 있는 광포전설의 하나로 신풍수설을 연구하는 실체적 연구 대상이다. 전래된 음택풍수의 고전적 적소인 이곳은 강물에 비치는 달빛이 아름답고 고요한 호수경관이 일품이며, 중원문화를 일깨우는 상징적 장소로서 산수조화경관을 신풍수설에 대위시킬 수 있는 경관 소재의 산실이다.

장미산

　장미산은 충주시 가금면 가흥리와 장천리에 걸쳐 있는 산이다. 외연적으로는 전全경을 나타낸다. 내연적으로는 관찰 지점에 따라 배경과 풍경이 각기 강하며, 일부 국면에서의 정경과 전全경이 아우른다. 전설에 따르면 삼국시대에 보련산 서쪽 노은면 가마골에 보련과 장미라는 남매가 명산의 정기를 받아 장수의 태생적 기질을 지니고 있었다고 한다. 예부터 한 집안에 두 장수가 태어나면 그중 한 명은 희생될 수밖에 없기에 성 쌓기 겨루기를 하였다. 이에 어머니는 넋을 놓고 있다가 보련의 성 쌓는 솜씨가 아들인 장미보다 뛰어나 장차 대가 끊어지게 될 것이라 여겨 고민하게 되었다.

　어머니는 떡을 좋아하는 보련에게 떡을 먹인 뒤 다시 성을 쌓게 했다. 이후 보련이 마지막 돌을 하나 올리려는 순간 장미가 성을 다 쌓았음을 알렸다. 그때 보련은 어머니의 뜻을 알고 집을 떠났다고 한다. 그 다음 날 보련의 집에 큰 별이 하나 떨어졌다고 한다. 이후 남동생인 장미가 쌓은 성을 장미산성이라 하고, 누이가 쌓은 성은 보련산성이라고 했다.

장미산성과 보련산성은 고구려와 백제가 대치하였다가 신라에 의해 점유된 흔적이 보인다. 삼국의 격전장이었던 만큼 역사 탐방의 체험경관을 음미할 수 있는 곳이다. 지형 또한 길게 꼬리가 늘어져 남한강을 감싸기에 일명 長尾山장미산이라고도 한다. 높이는 337m이지만 주위에 높은 산이 없고 조망이 뛰어나 지형적으로 산성이 위치할 만한 조건을 갖췄다. 산성을 따라 주유하면 8방의 회유경관이 전개된다. 남한강을 에워싼 산야를 전개경관이 산등성이마다 개성적으로 나타나므로 조망점에서의 전展경이 뛰어나다.

중앙탑공원을 거쳐 진입하면 산성이 요새임을 알 수 있다. 남쪽의 대림산성과 강 건너편 탄금대의 토성, 충주산성과 서로를 아우르며 진영을 이뤘다는 점에서 역사적 요충지 경관을 조망할 수 있다. 관찰 각도에 따라 다소 경관이 달라지지만 방향에 따른 풍경과 배경이 개성적이다.

산성의 서쪽부터 주유하면 보련산성과 대치된 국면을 느낄 수 있다. 고색창연한 성벽의 이어 감은 보련산의 배경과 조화로운 역사적 전승 공간을 감상할 수 있다. 옛 병사들의 사연은 성벽의 정경을 만든다. 남서쪽의

장미산성

성벽은 자연석을 다듬어 직사각형으로 쌓았다. 서쪽의 보련산이 보이며, 국망산이 원경으로 전개되고, 서북으로 오갑산과 이어 가는 점층 산악경관이 다가선다. 정상의 관망경관은 북으로 소담한 마을이 남한강의 만곡과 구릉의 산수가 조화롭다. 북쪽 정상 부분의 성벽을 따라 있는 좁고 긴 군사용 참호는 주변 성벽의 재료를 이용해 만든 것으로 보여 아쉬움이 남는다. 동북쪽으로 남한강이 운골산과 맞닿으며 멀리 치악산과 이어 가는 백운산, 감악산이 점층산악경관을 전개한다.

또 동쪽으로는 삼등산의 끝자락으로 인등산이 충주호를 내비치며 산악과 호수경관의 변화가 이뤄진다. 산성의 동쪽 입구에는 1895년에 봉루암으로 창건되어 봉학사로 명칭을 바꾼 사찰이 있다. 봉학사 지역 일부를 빼고는 성벽이 원래 모습대로 남아 있어 다행스럽다.

동남쪽으로 계명산과 시가지, 탄금호의 원중근경이 차례로 다가선다. 시각적 변화가 8방의 지점별로 구성되며, 심미적 국소경관의 체험을 쉽게 할 수 있고, 전설의 함축적 경관 소재를 풍부하게 갖고 있어 산성의 운치를 지녔다. 경관의 품격이 부하다.

문과 수구의 흔적, 연못이 있었던 자리, 건물지가 남아 있어 역사와 전쟁, 분단 등 혼돈의 시대에 살았음을 깨우쳐 준다. 주변의 봉황자연휴양림과 삼국시대 사적지를 찾아보는 즐거움에 정상까지 쉽게 접근되는 차량통행도로가 있어 편리한 산성경관 체험지다. 그리고 봄의 철쭉과 가을의 단풍은 장미산의 풍치를 돋보인다.

삼탄

　삼탄은 충주시 산척면 명서리^{명돌리와 서대리의 합명}에 있는 주포천의 여울이다. 여울은 물살이 빠르고 바윗돌 사이로 물 흐르는 소리를 내며 지나는 물매가 급한 곳에 있다. 삼탄은 외연적으로 절경을 이루며 내연적으로는 오경이 나타난다. 방향과 국면에 따라 배경과 풍경이 각기 다양하며 일부 국면에서의 정경과 전소경을 아우른다. 명서리는 1914년 행정구역 통폐합에 따라 도덕리, 서대리, 정암리, 방대리, 명돌리, 삼탄리, 신담리를 병합하면서 만들어졌다. 옛날 리里였던 삼탄이란 마을 앞 주포천에 세 곳의 여울이 있어서 붙여진 이름이다. 〈충주의 지명〉에 따르면 첫 여울은 따개바우여울, 두 번째 여울은 앞여울, 세 번째 여울은 소나무소여울이라고 한다.

　삼탄은 충북선 중 기차의 차창에서 보는 경치가 아름다운 구간 동량역–삼탄역–공전역의 중심에 있다. 하천과 산 벼랑의 교량은 산수경관을 돋보이게 한다. 경사가 급한 산이 만곡의 사행하천을 만들며 충주호로 열두 굽이를 돌아 찾아든다. 산악 사이로 휘돌아 가는 강으로 하늘에서 그린 절묘한 형상이다. 지리적으로 침식과 퇴적이 이뤄져 절벽과 백사장을 형성한 곳이 많다. 배경과 풍경이 조화로운 명소들의 연속이다.

주포천은 원주 치악산의 신림면 성남리와 신림리에서 발원하여 제천의 감악산 맑은 물과 합쳐 흘러든다. 이후 봉양에서 제천천_{제천시 의림지에서의 의림천과 장치미못의 가리천이 고지골에서 만나고 신동 마을 앞에서 제천천을 키움}을 합수한 후 제천시 백운면 덕동리에 숨어 있는 천등산 내덕동계곡에서 발원하여 원월리, 도곡리, 애련리, 충주의 석천리로 이어 간다. 그리고 원서천과 명서리에서 만나 큰물을 만들며, 충주시 동량면 하천리와 손동리를 지나 지동리에서 하천머리로서 충주호에 깃든다. 곳곳에 호수의 전경을 아우른다.

경치가 빼어난 산자락에 옹기종기 집을 지은 산촌경관이나 청량한 물소리의 여울과 포말이 강들과 조화를 이뤄내는 산재적 농촌경관이 자연 속에 감춰져 있다. 감춰진 농촌과 산촌에서 관조되는 산수조화는 가경이다. 경관의 품격은 부하며 각 명소의 풍경은 풍부하게 이뤄진다. 굽이치는 강물이 소와 여울을 만드는 자연경관 소재는 명품자원이다. 자연과 함께 관상과 모험 등의 활동을 위해 자연엄정보호 사상으로 산마루를 부드럽게 산책해 넘어가는 운치 있는 고갯길과 물섶을 이어 가는 수변로로 절경의 극치를 창출하는 곳이다.

삼등산

삼등산은 천등, 인등, 지등산을 일컫는다. 천지인사상을 지명에 반영한 것이다. 풍수설에서는 천지인의 삼태극 조화로 음양의 가운데 혈穴이 있음을 강조한다. 현대 조경에서도 천지인의 삼재三才를 활용한 식재와 배석, 공간디자인의 구상에 쓰인다. 내외연적 오경이 모두 존재하는 산이다.

북에서 남으로 이어 가는 산줄기의 순서는 천지인이 아니라 천인지다. 세조시대 황규지사의 풍수에 따르면 하늘 아래 사람이 땅을 삶터로 삼고 있음을 함의한다. 〈정감록〉에서도 삼등산에 관한 평론을 삼가지 않았음을 뜻한다. 이곳은 전형적 산수조화의 국토경관 파노라마를 느끼게 한다. 산악의 전全경을 그리며 절경은 선경을 낳는 산세다. 선경이 비경을 감추고 있기도 하며 특정한 명소에서는 외경을 이룬다.

삼등산 능선을 따라가면 북으로 백운천, 동으로 원서천과 주포천, 남으로 충주호와 남한강으로 에워싸여 있고, 서쪽으로 남한강이 휘돌아 산척 목행 분지 너머 감곡 일대 평야가 아스라이 펼쳐진다. 험준한 산악에서 펼쳐지는 곳이 아니고는 이보다 감격적인 전展경은 없다. 중원 산악이 모이는 곳마다 계곡을 감싸며 강을 휘감아 어느 곳이라도 절경의 산수화를 만드는 근본이 된다. 보이는 곳마다 풍경을 이루며 머무는 곳마다 가경이 아닌 곳이 없을 정도다.

천등산은 충주시 산척면 송강리에 있다. 정상의 전망대에서 보면 북쪽에 원주 치악산 망경봉을 원경으로 남대봉, 백운산, 촉새봉일명 십자봉에 이어진 능선이 오청산을 지나며 원중근경의 점증적 산악경관이 펼쳐진다. 남쪽으로 5km 간격으로 명서리의 인등산이 보이고, 충주호와 함께 동량면 조동리의 지등산을 향한 산림경관이 전개되며, 계명산에 닿아 월악산, 주흘산, 조령산 등으로 점점 더 희미하게 점진조망이 이뤄진다. 중원에서 산세의 배경으로는 으뜸이다. 남서쪽으로는 충주시와 남한강이 보이며 보련산, 국망봉과 함께 시야를 넓힌다.

천등산 12,300ha 삼림에는 32km의 순환 임도와 산책로가 있고 눈을 감으면 숲 속 피톤치가 폐부를 파고든다. 색다른 산세와 경치를 경험할 수 있다. 봄철 진달래 군락과 오랜 송림 오솔길은 산행의 운치를 더해 정경이 살아난다.

인등산은 주능선의 북은 산척면, 남은 동량면과 경계를 이룬다. 정상에서 보면 팔방 산악경관 파노라마의 정수를 본다. 북으로 버티

는 천등이 삼등의 주산임을 표출한다. 천등산 오른쪽 뒤로 구학산, 주론산, 시랑산, 동으로 충주호 건너 마미산과 면위산, 남으로 지등산 뒤로 계명산과 멀리 월악산 영봉이 조망된다. 난리가 터지면 사람들은 인등산 자락에 위태한 명줄을 의지했다는 의미를 알 듯하다.

낙엽송과 잣나무 숲길의 운치는 간간이 펼쳐지는 풍광을 보이며, 금수강산의 수범임을 알게 한다. 봄의 철쭉 군락을 지나 초록 삼림이 울창한 후 형형색색의 단풍은 산악의 설경으로 이어 가는 사계 경관의 명품을 경험케 한다.

지등산은 정상에서 북으로 인등산 너머 천등이 조망된다. 동쪽 관모봉에 오른 후 충주댐 휴게소로 하산이 산행의 일품이다. 능선은 관모봉으로 갈수록 높아지며, 충주호와 명산의 조화를 관조할 수 있다. 아직도 신비하게 길지를 감추고 있다는 삼등산은 금수강산의 사계절 산행체험경관의 극치를 이룬다. 내외연 오경의 합을 이룬 총체다.

금봉산

　　금봉산은 충주의 늘 해비치산으로 시민들에게는 친숙하게 남산으로 불린다. 외연적으로는 전金경을 나타낸다. 내연적으로는 관찰지점에 따라 배경과 풍경이 개별적으로 특이하게 나타나며, 일부 국면에서의 전金경과 정경을 품는다. 조선 초기 춘추관, 충주, 전주, 성주星州의 4대사고四大史庫 중 국토 중앙에 실록전승의 기조를 둔 곳이다. 사람이 모여 살고 그 외연을 통합하는 마을 남동쪽에 전통적으로 안산의 형국을 뒀다.

　　남산은 충주인의 삶의 터요, 역사적인 전승 공간의 의미를 지녔다. 자연경관이 수려하고 전망이 좋은 금봉산에는 남북을 잇는 계곡 8부 능선을 에워싼 석축의 남산성충주산성이 있다. 전설에 금단산의 마고할미가 옥황상제의 벌을 받았으나 용서의 조건으로 북두칠성을 따라 한 별씩 7일 동안 성마고성을 쌓게 하였다고 한다. 그런데 옥황상제

충주산성

가 살고 있는 서쪽을 향해 수구가 뚫린 것을 보고 괘씸하게 생각한 옥황상제는 마고할미를 성주가 아닌 성지기로 삼았다고 한다.

역사적으로 충주 유역을 차지했던 국가는 백제였다. 구이신왕 때 쌓은 것으로 전해진다. 한강 유역을 고구려에게 빼앗긴 백제는 한때 충주를 도읍지로 정했던 적이 있었고, 개로왕 21년에 도읍지 후보로 충주가 증장되었다.

충북기념물 제31호인 산성에는 억새와 낙엽송이 운치를 더하며 정상에서 적송 숲을 지나면 남쪽 기슭의 직동 마을이 정겹게 다가온다. 남쪽으로 백두대간 소백산 줄기인 주흘산과 조령산을 배경으로 월악산 영봉이 자태를 드러낸다. 평탄한 능선에서 전개되는 산수경관과 고즈넉한 마을, 전설의 마지막재계명산과 남산 중간 260m봉을 지나는 마지막재는 옛날 단양, 청풍, 수산과 강원도, 경상도 죄수들이 충주 감영으로 이송될 때 이 고개를 넘으면 다시 돌아올 수 없다고 해서 그런 이름을 얻었다고 함를 돌이켜 본다.

충청 수부의 상징인 충주관아가 선하고 그 보존 가치를 일부 잃었던 지난날의 회오와 함께 전통이 아쉬운 시가지 경관이 문득 나타났다가 사라진다. 간혹 숲 사이로 충주호가 보이는 전展경이 나타난다. 주변 산악의 푸름은 호반경관의 아름다움을 더해 정경이 살아난다. 그나마 산수 조화의 중원문화가 넘치는 충주 고을의 정체성을 지키는 남산은 풍경과 배경이 빼어나므로 자연 보존적 국토경관의 수호신적 상징 지표물임을 자임해도 된다.

충주를 밝히는 여명의 계명산을 이어 가는 삶의 긍지로 여겨지는 남산은 산수가 자명하고 청풍명월을 기저로 한 충주호를 관조하는 힘을 가졌다. 그 중추에 있는 삼등산의 기세를 백두대간으로 넘겨주는 아량을 지닌 뜻이 있다.

남산 정상에 이르는 길은 부드러운 산행체험경관으로 신선이 된 기분을 갖게 한다. 특이한 전展경을 품은 체험경관은 다양하고 경관의 품격은 부하다. 능선길을 마다하고 남북을 가로지르는 임도 _{차량운행 통제}를 택해 강산과 들 사이의 마을과 시가지를 줄곧 내려다보며 편히 걸으면 산행의 색다른 멋이 있다. 남산의 산림경관은 민족이 지켜야 할 보물로 중원문화성을 가진 충주인 모두에게 역사적 특권을 느끼게 하는 근본이 된다.

금수강산의 근원
8경의 미
|충북편|

copyright©2013 권상준

권상준 글·그림

1판 1쇄 인쇄 2013년 8월 19일
1판 1쇄 발행 2013년 8월 23일

대표 권대웅
편집 박희영 황은주 이지윤
디자인 여만엽
마케팅 노근수

발행인 신혜경
발행처 마음의숲
출판등록 2006년 8월 1일(105-91-03955)
주소 서울시 마포구 서교동 463-32번지 명지빌딩 2층
전화 (02) 322-3164~5 | **팩스** (02) 322-3166
마음의숲 페이스북 http://facebook.com/mindbook
값 15,000원 ISBN 978-89-92783-75-0 (03900)

마음의숲에서 단행본 원고를 기다립니다.
따뜻하고 생동감 넘치는 여러분의 글을 maumsup@naver.com으로 보내 주세요.